# Retiro de Advento e Natal 2025

JESUÍTAS BRASIL

PARÓQUIAS, IGREJAS, SANTUÁRIOS E CAPELANIAS

REDE DIAKONIA

CEI - Brasil
Centro de
Espiritualidade Inaciana

# Retiro de Advento e Natal 2025

"O povo que andava nas trevas
viu uma grande luz."
Isaías 9,1

Edições Loyola

**Diretor geral:** Eliomar Ribeiro, SJ
**Editor:** Gabriel Frade

**Capa:** Ronaldo Hideo Inoue
**Diagramação:** Maurelio Barbosa
**Preparação e revisão:** Paulo Fonseca

Capa composta a partir da edição e montagem das imagens generativas de © Thammarong e © CleverStock (Adobe Stock).

Ilustrações do miolo de © ommus (Adobe Stock).

Edições Loyola

Rua 1822 nº 341, Ipiranga
04216-000 São Paulo, SP
**T** 55 11 3385 8500/8501, 2063 4275
**editorial**@loyola.com.br, **vendas**@loyola.com.br
**loyola.com.br**, **@edicoesloyola**



ISBN 978-65-5504-476-8



111115

# Sumário

# Apresentação

Acolher este tempo novo, que traz para nós aquilo que é de fato a maior novidade para o mundo, é algo que nos enche de esperança! Este é um tempo de preparação e de generosa confiança no Deus que não nos desampara nunca.

Por isso, mais uma vez apresentamos esta linda proposta de oração para o Advento e o Natal do Senhor em 2025.

Quem já conhece os nossos Retiros de Advento e Natal, propostos já há alguns anos como subsídio para esse tempo litúrgico, sabe que sempre temos nos esforçado na busca por pessoas que tragam consigo uma bela experiência de oração e de vida e que possam compartilhar conosco alguns pontos importantes para a oração pessoal. Sendo assim, neste ano contamos com a ajuda de mulheres e homens que bebem da fonte inaciana e que nos ajudarão a rezar com suas experiências e intuições.

Vamos conhecer mais um pouco sobre as pessoas que colaboram neste ano com nosso Retiro de Advento e Natal:

- Ir. Douglas Turri, SJ – Irmão jesuíta – Programa Magis Brasil;
- Filipe do Amaral Mendes – Leigo – Núcleo inaciano de Nova Friburgo/RJ;
- Pe. José dos Passos, SJ – Secretário para a Rede de Paróquias, Igrejas, Santuários e Capelanias;
- Ir. Consolação de Matos, FI – Religiosa Filha de Jesus;
- Maria Eliane Gomes – Leiga de Montes Claros/MG.

Nossa proposta é sempre a de oferecer a cada ano um material autoral, que nasce da experiência pessoal e comunitária, próprias de cada um dos diferentes autores que têm escrito ao longo destes anos em nosso Retiro.

Por isso, os leitores encontrarão nesta publicação modelos de escrita distintos, bem como roteiros ligeiramente diferenciados, pois a ideia é mesmo a de favorecer as características de cada autor. Naturalmente, todos os textos seguem uma mesma linha: a proposta de viver o tempo litúrgico do Advento e Natal à luz da Sagrada Escritura, da liturgia e da espiritualidade inaciana.

Que neste momento novo – que o menino Deus nos propõe – sejamos capazes de humildade e de liberdade para mais amar e servir.

Agradeço a todas as pessoas que se empenharam em fazer possível mais esta edição: trago dentro de mim a certeza de que estamos ofertando um material robusto para ajudar na vida interior e na vivência do Natal do Senhor de muitas irmãs e irmãos.

Que o Deus menino acesse o nosso santuário interior e possa habitá-lo com sua presença de Salvação.

***Pe. José Laércio de Lima, SJ***
***Secretário para a Colaboração Fé e Espiritualidade***

Acesse o QR CODE e assista ao vídeo do Padre José Laércio de Lima explicando como vivenciar mais profundamente esse importante tempo litúrgico.

# Introdução

## 1

### O que é o Retiro de Advento e Natal?

O Retiro de Advento e Natal é um caminho de oração diária, um roteiro que acompanha a liturgia, com exercícios elaborados segundo a metodologia de Santo Inácio de Loyola. Esse roteiro oferece uma forma especial de fazer o retiro individualmente, em casa, no tempo do Advento e do Natal, visando a uma vivência espiritual mais profunda desses importantes tempos litúrgicos. Também pode ser feito em grupos, em comunidades.

Fundamentalmente, o Retiro de Advento e Natal é um caminho de oração, um encontrar-se com Deus cotidianamente, por meio dos exercícios de oração, sugeridos e elaborados neste livro que ora apresentamos.

## 2

### Como organizar-se para o Retiro de Advento e Natal?

Como nos ensina Santo Inácio, é preciso muito ânimo e generosidade para começar e perseverar no Retiro, por isso é importante que você dedique ao menos 30 minutos diários à oração pessoal, seguindo a metodologia que será explicada abaixo. Se você já tem sua rotina de oração inaciana, pode reservar até 1 hora.

Independentemente do tempo, é essencial escolher um horário propício para o "encontro íntimo com o Senhor". O melhor momento é aquele em que você está mais descansado(a) e menos disperso(a) e agitado(a) pelas preocupações do dia. Recomendamos que seja sempre à mesma hora. Se isso não for possível, pelo menos faça um plano semanal. Além disso, o Retiro requer muita fidelidade, a fim de colocar o Senhor acima de outros compromissos. Logo, vamos ao encontro do Senhor, em local e hora marcados!

Recomendamos também que você tenha uma espécie de diário espiritual (caderno de vida), no qual poderá anotar, após a oração, aquilo que aconteceu de mais importante e significativo para o crescimento na fé e em sua prática na vida, além de desejos, apelos de conversão pessoal etc. Isso vai facilitar que você perceba os passos da caminhada e a partilha da oração. Vale a pena anotar os toques de Deus.

## 3

## Como fazer a oração pessoal diária?

**a.** Local: para uma conversa íntima, o lugar é importante, pois ajuda na conversa, sem distrações nem muitos ruídos. É importante também desligar o celular e evitar receber visitas. A ambientação também ajuda, por isso é bom sempre ter algo onde possa repousar o olhar: uma vela, um crucifixo, uma imagem, um ícone... e, claro, a Bíblia, com o texto a ser rezado previamente marcado.

**b.** Postura: assim como o local, a posição corporal pode ajudar na oração. Deve ser confortável, mas não relaxada demais. Uma dica é sentar-se com os pés apoiados no chão, talvez sem sapatos, com os braços soltos, e o dorso das mãos sobre a coxa, com as costas eretas. Ou seja, fique numa posição em que você não tenha que se reacomodar a todo momento.

**c.** Iniciando sua oração: respire pausadamente, preste atenção à sua respiração, inspire o amor e a presença de Deus; expire suas preocupações e tensões. Pode ajudar colocar uma música instrumental suave. Pacifique-se. Acolha os ruídos próximos e distantes, pois a vida pulsa ao seu redor, mas este é um momento apenas seu com Deus. Assim que se sentir pacificado(a), faça lentamente o sinal da cruz, saudando a Deus. Você nunca está só. Deus já o(a) aguarda para conversar!

**d.** Acolhimento: acolha a presença de Deus como amigo e invoque o Espírito Santo, para que ele o(a) ajude a rezar.

**e.** Oração preparatória: faça uma oração "Senhor, que todos os meus pensamentos, palavras, sentimentos e ações estejam ordenados apenas para ti, para que os transforme e ordene". Que você esteja totalmente voltado(a) a Deus durante a oração.

**f.** Pedindo a graça: sugerida em cada semana. Em cada oração, pede-se uma graça, que aponta para onde se está caminhando. Se você se distrair durante a oração, repetir a graça ajuda a retomar o "caminho".

**g.** Texto bíblico do dia: dedique tempo à Palavra de Deus. Não se trata de analisar o texto, mas de perceber qual palavra ou imagem toca seu coração, que lembranças traz, o que aponta. Saboreie a presença de Deus dentro do seu coração. Converse com Deus, como um amigo fala a outro amigo.

**h.** Despedida amorosa: termine agradecendo tudo o que se passou na oração. Depois, reze um pai-nosso ou uma ave-maria e encerre com o sinal da cruz.

## 4

## Como fazer a revisão da oração?

Ao terminar de rezar, Santo Inácio sugere revisar a oração, para refletir sobre o que ocorreu durante cada tempo de oração. Para isso, é importante anotar a data, o texto rezado e analisar como se saiu: que elementos ajudaram? Que dificuldades apareceram? Isso pode ajudar a preparar melhor a próxima oração.

Então, refletir sobre o que foi mais importante para o crescimento da fé e para a vida:

- Que palavra, frase ou imagem mais o(a) tocou?
- Que sentimentos predominaram na oração? (Não emoções, mas sentimentos profundos.)
- Sentiu algum desejo, inspiração, apelo à conversão?
- Sentiu alguma resistência para seguir esse apelo ou inspiração? Algum medo? Desânimo?

Anotar no caderno de vida (diário espiritual). Além de recolher os toques de Deus, essa síntese pode ser utilizada para partilhar a oração, em grupo ou com seu(sua) acompanhante.

## 5

### Como fazer uma leitura orante?

Quando se trata de um texto de ensinamento da Escritura, ou de uma oração, por exemplo o pai-nosso, Santo Inácio recomenda que se reze desta forma:

**a.** Leitura do texto: leia bem devagar, frase por frase, com atenção a cada palavra... Ou seja, uma leitura com todo o seu ser. Pergunte-se: o que diz o texto em si?

**b.** Meditação: não tenha pressa de ler e entender tudo, pare onde o texto o(a) tocar interiormente, saboreie a Palavra. Pergunte-se: o que diz o texto para mim?

**c.** Oração: agora brota do coração, tocado pela Palavra lida e meditada, uma oração. Deus é Pai e nos ama muitíssimo. Pergunte-se: o que o texto me faz dizer a Deus? Esta oração pode ser de louvor, de ação de graças, de súplica, de silêncio. É necessário deixar que o Espírito reze em nós. Abra seu coração a Deus e expresse o que sente.

**d.** Aprofundando: agora é saborear o momento de intimidade com o Senhor, acolhendo o que tocar o seu coração e a sua mente: desejos, luzes, apelos, lembranças, inspirações, sentimentos, resistências... Pergunte-se: o que eu experimento ao rezar este texto?

**e.** Agindo: vendo novas todas as coisas em Cristo; a Palavra saboreada produz frutos de fé e amor, uma resposta amorosa concreta. Pergunte-se: o que fazer pelo Senhor?

**f.** Finalize sua oração com gratidão. Reze um pai-nosso ou uma ave-maria.

**g.** Após a oração, faça a sua revisão e anote (cf. número 4).

## 6

### Como fazer uma contemplação evangélica?

Quando o texto é uma cena bíblica, especialmente um acontecimento ou mistério da vida de Jesus, Santo Inácio sugere fazer uma oração de contemplação. Contemplar é fixar o olhar com admiração, com encantamento, por isso, é preciso observar demoradamente, repousando o olhar na imagem. Ou seja, rezar também com os olhos da imaginação. Ele propõe alguns passos que podem ajudar:

**a.** Ler ou reler para recordar a história a ser rezada.

**b.** Ver, com os olhos da imaginação, o lugar onde se passa a cena evangélica (Casa? Montanha? Lago?...).

**c.** Procure ver as pessoas da cena; observe onde estão e o que fazem. Dedique um olhar demorado, sem querer explicar ou entender.

**d.** Tente ouvir, prestando atenção às palavras ditas ou implícitas. O que podem significar? E se fossem dirigidas a mim?

**e.** Perscrute o que sentem: as pessoas na cena têm nomes, histórias, sofrimentos, buscas, alegrias... Como agem? Como reagem? Tente perceber os gestos, os sentimentos e as atitudes, sobretudo de Jesus.

**f.** Deixe-se envolver pela cena. Contemple, saboreie e participe, se desejar.

**g.** Refletindo, tire proveito de tudo o que ocorreu durante a oração; deixe que a cena contemplada ilumine sua vida e história, aponte novos caminhos.

**h.** Finalize com uma despedida amorosa. Reze um pai-nosso ou uma ave-maria.

**i.** Terminada a oração, faça a sua revisão e anote (cf. número 4).

## 7

## Como fazer a oração de atenção amorosa?

Trata-se de uma retrospectiva orante do dia, conhecida como Exame do Dia ou Oração de Atenção Amorosa. É o exame espiritual de consciência a ser feito antes de se deitar, por uns 10 minutos. Santo Inácio de Loyola sugere lançar um olhar para todo o dia vivido, em uma atitude de gratidão. Não se limitar às falhas, mas ter uma visão mais ampla, para tomar consciência da ação do Senhor durante os eventos do dia e colocar o futuro nas mãos de Deus. Deve ser um exercício diário, mesmo depois do final do Retiro. Consta de cinco passos:

1. **Agradecer**

   Traga à memória em que momento do dia você percebeu a presença de Deus e agradeça-lhe tudo o que viveu. Gratidão é mais que um sentimento, é uma atitude, isto é, uma virtude que abre o coração.

2. **Invocar o Espírito Santo**

   Invoque o Espírito Santo, pedindo luz para olhar o seu dia com os olhos de Deus, com clareza e amor.

3. **Repassar o dia**

   Contemple o dia que passou. Deixe passar diante de seus olhos o dia todo ou se coloque diante de alguns acontecimentos. Não se trata de avaliar-se ou julgar-se, mas de buscar especialmente perceber a presença de Deus em si e nos outros. Permitiu que Deus atuasse em você, sendo sinal de sua presença e amor para com os outros? Dedique algum tempo àqueles acontecimentos que mais lhe chamam a atenção. Depois desse exame, encontra motivos para agradecer?

4. **Pedir perdão**

   Se perceber que não foi atento(a) o bastante ao que o Senhor lhe pediu naquele dia, reconhecendo-se frágil ou omisso(a), peça perdão a Deus por suas faltas ou pelo bem que deixou de fazer, não se deixando conduzir por seu Espírito.

5. **Oração de conclusão**

   Peça ajuda para superar suas fragilidades, faltas e omissões. Confie ao Senhor o seu amanhã, com a esperança de que um novo dom venha a ser vivido intensamente na alegria e na esperança, com a graça de Deus. Reze um pai-nosso.

# 8

## Acompanhamento espiritual do Retiro de Advento e Natal

Além das orientações dadas, seria desejável um acompanhamento mais direto. Tanto quanto possível, que os grupos sejam acompanhados por um orientador experiente nos *Exercícios Espirituais* (EE) de Santo Inácio, auxiliado por outros acompanhantes que se disponham a prestar esse serviço pastoral. Há duas possibilidades:

**a.** Recomenda-se que as pessoas que desejarem fazer o Retiro formem grupos por proximidade geográfica ou afetiva, sejam grupos já existentes ou a se constituírem. O objetivo é reunir-se semanalmente, de preferência, para a partilha das experiências (cf. número 9).

**b.** Dada a realidade pandêmica, criou-se também oportunidade de acompanhamento virtual. Várias obras, movimentos e serviços em todo o Brasil reúnem grupos para partilhas e orientações para o uso do material.

Partilhar a experiência de oração enriquece a todos do grupo. Como dito na Revisão da Oração, a partilha deve ser sobre as experiências durante as orações, por isso, é também um momento orante, em que cada um abre seu coração a Deus e aos irmãos, que acolhem no silêncio de seus corações, rezando uns pelos outros.

## 9

## "Dicas" para os animadores espirituais do Retiro de Advento e Natal

Constituir grupos de no máximo 10 pessoas por animador(a), para que os encontros não sejam demorados (no máximo 1 hora) e haja tempo para que todos(as) falem.

Formados os grupos de pessoas unidas pelo desejo de viver esses tempos litúrgicos do Advento e Natal com mais intensidade, o(a) animador(a) espiritual pode:

**a.** Combinar local e data em uma primeira reunião para:

- detalhar mais o sentido desses Tempos Litúrgicos;
- ler o objetivo do Retiro, em especial as instruções do Livro;
- agendar os encontros semanais para a partilha;
- verificar se todos adquiriram o livro do Retiro de Advento e Natal;
- recomendar que cada participante tenha um caderno de vida;
- esclarecer dúvidas sobre a metodologia inaciana.

**b.** Preparar o ambiente para a partilha: lugar propício, velas, a Palavra de Deus no centro, flores, cadeiras, estampas etc., de acordo com a criatividade de cada um ou do grupo. Pode-se sugerir que cada encontro seja preparado por algum participante.

**c.** Escolher alguma música instrumental, mantra ou canto para iniciar o encontro. Depois, fazer uma oração vocal ao Espírito Santo e talvez a leitura de um texto bíblico (pode ser algum texto rezado durante a semana). Enfim, criar um momento de recolhimento.

**d.** Fazer a Conversação Espiritual: a partilha no grupo quer ser um momento de atenção e escuta orante do que Deus falou e fez na vida da outra pessoa. O objetivo é que escutemos e acolhamos, evitando conversas e debates. Com muito respeito e reverência, vamos abrir o "ouvido do coração" para o que a outra pessoa tem a partilhar.

**e.** Logo em seguida, assim que todos terminarem a partilha – ou conforme cada pequeno grupo vai terminando esse momento –, fazer silêncio, deixar que o coração seja afetado pelo que se ouviu. Após isso podemos proceder ao passo seguinte, ou, então, podemos iniciar outro ciclo de partilha: daquilo que ouvi, o que mais me tocou? O que levarei para minha vida? Evitar neste momento achismos ou mesmo justificativas. Respeitar a partilha da pessoa.

- Conduzir o grupo com delicadeza, tato e bom senso, para que as partilhas adquiram maior qualidade espiritual. A pessoa deve se sentir à vontade para partilhar livremente a ação do Senhor em seu interior: as alegrias e dificuldades experimentadas, os apelos sentidos, as resistências... os "movimentos do coração" e qual impacto a oração está tendo na vida pessoal, familiar, eclesial, social...
- Animar para a fidelidade ao tempo da oração e à metodologia, além de dar breves indicações para a semana de oração.
- Repassar a metodologia, esclarecer dúvidas sobre os "passos para a oração", o "pedido da graça", a revisão da oração e o registro das moções no caderno de vida.
- Buscar ajuda quando sentir que algo está travando a experiência espiritual pessoal ou de algum participante.

**f.** Terminar o encontro com um canto ou oração vocal, por exemplo, o pai-nosso.

# PRIMEIRA SEMANA

## RETIRO DE ADVENTO E NATAL

*Ir. Douglas Turri, SJ*

# Introdução

"É hora de despertar!", escreve São Paulo. "Ficai atentos!", diz Jesus no Evangelho. Com essas palavras, somos convidados a iniciar o tempo do Advento – um tempo de silêncio, esperança e vigilância. Um tempo de deixar que o coração se prepare, pouco a pouco, para acolher o Senhor que vem.

Vivemos tempos difíceis. Conflitos, dores, incertezas e desânimo se espalham pelas realidades do mundo – e por dentro de nós. Mas é justamente nesse tempo ferido que Deus quer plantar a esperança. Porque ele vem. Sempre vem (cf. Ap 4,8). Já veio um dia, em Belém, na fragilidade de uma criança. Vem hoje, no meio de nossas lutas e buscas, na escuta da Palavra, no irmão que sofre, na oração que transforma. E virá um dia, para nos conduzir à plenitude de seu Reino de vida e paz.

Mas nem sempre percebemos essa vinda. Às vezes, estamos distraídos, cansados, desanimados. A vida se enche de ruídos, de tarefas, de preocupações – e o essencial vai se apagando. Quem nunca se sentiu assim? Como se a fé tivesse esfriado, como se a luz tivesse sumido do caminho, como se estivéssemos andando no escuro...

É justamente por isso que o Advento nos convida: "Vamos subir ao monte do Senhor, à casa do Deus de Jacó, para que ele nos mostre seus caminhos e nos ensine a cumprir seus preceitos" (Is 2,3b). É hora de parar, ouvir, observar e aprender do Senhor. E neste ano, essa caminhada ganha ainda mais sentido com o Jubileu da Esperança, convocado pelo Papa Francisco. Ele nos convida a reencontrar a esperança verdadeira – aquela que nasce do encontro pessoal com Deus, que fala na Palavra, que habita nosso cotidiano, que se revela nos pequenos sinais do Reino.

Durante esta semana de retiro, seremos convidados a rezar com a liturgia diária, especialmente com os Evangelhos de cada dia. E à maneira de Santo Inácio de Loyola, queremos nos colocar diante da Palavra com o coração aberto, permitindo que Deus nos fale, toque e desperte.

Que este retiro nos ajude a despertar para essa presença que nunca falha. E que o Jubileu da Esperança reacenda em nós a certeza de que, mesmo em meio às sombras, o Senhor está próximo e caminha conosco.

# Domingo: 30 de novembro

**"Portanto, ficai atentos! Porque não sabeis em que dia virá o Senhor." (Mt 24,42)**

Is 2,1-5 | Sl 121(122),1-2.4-5.6-7.8-9 (R. cf. 1) | Rm 13,11-14a | Mt 24,37-44

GRAÇA A PEDIR

Senhor, dai-nos um coração desperto, atento à tua vinda,
capaz de reconhecer tua presença no cotidiano
e viver animado pela esperança que vem de ti.

EVANGELHO DE JESUS CRISTO SEGUNDO SÃO MATEUS 24,37-44

## Imaginar a cena bíblica

Imagine-se em sua própria casa, vivendo a rotina do dia a dia. De repente, alguém bate à porta: é o Senhor que chega de forma inesperada. O que você sente ao ouvir que ele está à porta?

## Refletir para tirar proveito

Há tempos em que o coração humano corre o risco de se fechar – anestesiado pelo barulho dos dias, pelas exigências da rotina, pelas dores do mundo. Às vezes, seguimos vivendo, sem ânimo ou esperança, os sentidos dispersos. O tempo litúrgico do Advento, que agora começa, chega como um chamado urgente: despertem!

As palavras de Jesus, proclamadas neste primeiro domingo, não são uma ameaça, mas um apelo amoroso:

> A vinda do Filho do Homem será como no tempo de Noé. Pois nos dias, antes do dilúvio, todos comiam e bebiam, casavam-se e davam-se em casamento, até o dia em que Noé

> entrou na arca. E eles nada perceberam até que veio o dilúvio e arrastou a todos (Mt 24,37-39).

É disso que se trata: reconhecer que o Senhor vem – pois é possível estar desatento a essa vinda. Jesus não condena aqueles que vivem sua vida – trabalhando, celebrando, se alegrando –, mas adverte contra quem vive sem consciência, sem vigilância. O risco não está em viver, mas em viver sem olhar. Sem profundidade. Sem esperança.

Esse é o espírito do Jubileu da Esperança, que nos acompanha em 2025: um convite para redescobrir a esperança em Cristo – dom de Deus e força que move a Igreja e o mundo. Especialmente em tempos difíceis, somos chamados a cultivar uma vigilância amorosa, a exercitar o olhar que reconhece Deus em tudo e tudo em Deus, mesmo onde ele parece ausente.

É também isso que nos ensina Santo Inácio: ver Deus em todas as coisas e todas as coisas em Deus. Este retiro é um convite a isso: acordar por dentro. Reorientar os passos. Afinar os sentidos. Porque quem vigia, ama. E quem ama, espera. E quem espera, já começou a acolher aquele que vem.

## Revisar a oração

Ao revisar a oração, acolho o que mais me tocou: como me senti ao rezar? Houve um momento em que percebi Deus me falando ou me chamando a algo? Agradeço pelos frutos colhidos neste encontro.

# Segunda-feira: 1º de dezembro

**"Senhor, eu não sou digno de que entres em minha casa. Dize uma só palavra e o meu empregado ficará curado." (Mt 8,8)**

Is 4,2-6 | Sl 121(122),1-2.3-4a.4b-5.6-7.8-9 (R. 1) | Mt 8,5-11

GRAÇA A PEDIR

Senhor, dai-nos um olhar de fé, que confie na tua Palavra mesmo em meio às incertezas e reconheça tua presença fiel em nossa vida.

EVANGELHO DE JESUS CRISTO SEGUNDO SÃO MATEUS 8,5-11

## Imaginar a cena bíblica

Veja o centurião se aproximando de Jesus com respeito e humildade. Ele não vem por si, mas por alguém que ama. Ouça sua voz serena dizer: "Senhor, eu não sou digno de que entres em minha casa...". Sinta a confiança silenciosa que transparece em seu rosto.

Agora, coloque-se ali, ao lado dele, olhando também para Jesus. Que palavras de fé têm sustentado o teu caminho? O que te move a procurar Jesus?

Como você tem se relacionado com a Palavra de Deus: como um dever a cumprir ou como um lugar de encontro e confiança?

## Refletir para tirar proveito

Vivemos numa época em que se tornou difícil confiar. Confiar nos outros, confiar nas instituições, confiar em si mesmo... e confiar em Deus. E, no entanto, é justamente nesse tempo de desorientação que o Evangelho nos apresenta a figura de um homem surpreendente: o centurião romano. Ele não fazia parte do povo da promessa. Era estrangeiro, militar, alguém ligado ao poder que oprimia. E, ainda assim, carregava dentro de si qualidades que tocam profundamente: compaixão por um servo doente, humildade diante de Jesus e confiança sincera no poder da Palavra.

O gesto do centurião é simples, mas profundamente cheio de fé. Ele não se aproxima de Jesus com exigências, mas com reverência, reconhecendo a própria indignidade, e ainda assim acredita. Não precisa que Jesus vá até sua casa. Basta-lhe uma palavra. Uma única palavra, vinda de Cristo, é suficiente para curar. E essa fé – tão despretensiosa e ao mesmo tempo tão grandiosa – surpreende o próprio Jesus.

Talvez seja justamente isso o que precisamos reencontrar neste tempo do Advento: a beleza de uma fé que se apoia unicamente na Palavra, a coragem de confiar quando tudo parece incerto, a humildade de pedir sem reivindicar e o desejo sincero de nos deixarmos encontrar por um Deus que vem ao nosso encontro, não porque o mereçamos, mas por puro amor.

Ao iniciarmos nossa oração, talvez possamos fazer nossas as palavras do centurião. Reconhecer com verdade as nossas fragilidades. Apresentar ao Senhor aquilo que em nós precisa ser curado, restaurado, sustentado. E dizer com fé e simplicidade: "Senhor, eu não sou digno..., mas dize uma só palavra". E deixar que essa palavra, silenciosamente pronunciada no coração, reacenda em nós o olhar da fé e a certeza de sua presença fiel: "Eis que estou convosco todos os dias, até o fim dos tempos" (Mt 28,20).

## Revisar a oração

Ao revisar esta oração, acolho os sentimentos e apelos que surgiram. Houve algo que me tocou especialmente? Que palavra ressoou mais forte? Que convite Deus me fez hoje? Agradeço pelos frutos desta oração.

# Terça-feira: 2 de dezembro

**"Felizes os olhos que veem o que vós vedes!" (Lc 10,23)**

Is 11,1-10 | Sl 71(72),1-2.7-8.12-13.17 (R. cf. 7) | Lc 10,21-24

GRAÇA A PEDIR

Senhor, dai-nos um coração simples e um olhar atento, para reconhecer tua presença nos pequenos sinais do cotidiano e acolher teu Reino que chega em silêncio.

EVANGELHO DE JESUS CRISTO SEGUNDO SÃO LUCAS 10,21-24

## Imaginar a cena bíblica

Veja Jesus recolhido em silêncio, em profunda oração. Aos poucos, ele exulta de alegria – sorri, levanta os olhos ao céu e louva o Pai pelos pequenos, pelos simples de coração. Você está por perto, observando. De repente, ele se volta para você e diz com ternura: "Felizes os olhos que veem o que vós vedes!" (Lc 10,23).

O que essa frase desperta em você? Tenho buscado a Deus apenas no extraordinário ou estou aprendendo a reconhecê-lo no simples?

## Refletir para tirar proveito

Há uma sabedoria escondida na simplicidade. E, no entanto, quantas vezes desprezamos o que é simples, buscando o extraordinário, o espetacular, o grandioso... como se Deus só pudesse estar nas alturas. Mas o Evangelho insiste: é no pequeno que ele se revela. No que é discreto, silencioso, cotidiano.

Jesus exulta em oração ao Pai porque os "pequeninos" compreenderam aquilo que os sábios e doutos não conseguiram ver. O Reino, quando chega, não faz barulho. É como rebento que brota de um tronco ressequido. Não é um exército que liberta, mas uma criança que nasce num estábulo. Não é o poder que salva, mas o amor que redime.

É preciso ter apreço pela simplicidade para ver a presença de Deus onde ninguém mais enxerga: num gesto de ternura, numa palavra que consola, numa presença fiel, no pão partilhado, na lágrima enxugada em segredo. É nesses pequenos detalhes que a promessa de Deus se cumpre.

O Reino é como fermento misturado à massa. Invisível, mas vivo. Transformador. Ele age no escondido, fecunda o ordinário, penetra o cotidiano e o torna capaz de gerar vida. Não é teoria, é força em ação. Não é uma promessa distante, é realidade presente. O Reino está aqui, misturado à farinha da nossa existência, fazendo de nós também fermento para o mundo.

Por isso, somente os simples, os que se abrem aos pequenos detalhes, conseguem perceber os sinais do Reino. Eles veem os milagres escondidos nas pequenas vitórias, os prodígios disfarçados no cotidiano, a graça que passa despercebida aos olhos apressados.

Jesus louvou o Pai porque seus discípulos viram. Viram os frutos da missão, os corações tocados, as vidas transformadas. E ver assim é dom. É sinal de que o Reino já começou em nós: "Felizes os olhos que veem o que vós vedes!" (Lc 10,23).

Felizes somos nós, se ainda formos capazes de ver – e, vendo, também testemunhar. Porque quanto mais nos abrimos, mais experimentamos essa alegria profunda que não passa: a alegria dos que sabem que Deus está no meio de nós. E age. Silenciosamente. Amorosamente. Sempre.

## Revisar a oração

Revise sua oração com liberdade. O que tocou seu coração? Houve alguma palavra, imagem ou sentimento que ficou mais forte? Houve resistência, gratidão, consolo? Converse com Jesus sobre isso. Deixe que ele mesmo te ajude a ver o que você não vê sozinho.

# Quarta-feira: 3 de dezembro

**"Tenho compaixão desta multidão." (Mt 15,32)**

Is 25,6-10a | Sl 22(23),1-3a.3b-4.5.6 (R. 6cd) | Mt 15,29-37

GRAÇA A PEDIR

Senhor, dai-nos um coração compassivo,
capaz de ver a dor do outro e mover-se ao encontro,
partilhando com ternura o pão, o tempo e a esperança.

EVANGELHO DE JESUS CRISTO SEGUNDO SÃO MATEUS 15,29-37

## Imaginar a cena bíblica

Coloque-se entre a multidão reunida aos pés de Jesus: rostos marcados pelo cansaço, corpos feridos, corações famintos. Veja o olhar de compaixão de Jesus percorrendo cada pessoa. Ouça sua voz dizer com ternura: "Tenho compaixão desta multidão" (Mt 15,32).

Você está ali, entre os que têm fome. Como é ser olhado assim, com amor que compreende e cuida? O que Jesus parte com você hoje?

Tenho cultivado um olhar compassivo ou me deixado endurecer pela pressa, indiferença ou julgamento?

## Refletir para tirar proveito

A compaixão não é apenas um sentimento ocasional que surge diante da dor – é o modo como Deus olha para o mundo. É o modo como Jesus se move no meio do povo. É a forma como o Amor se faz gesto, presença e cuidado.

Neste Evangelho, vemos Jesus diante de uma multidão cansada e faminta. Ele poderia seguir adiante. Poderia encerrar o dia com palavras de consolo. Mas o que move seu coração é mais do que uma constatação: é uma entrega. Ele se comove – e, com isso, transforma a realidade ao seu redor.

A compaixão de Jesus não é piedade distante, mas partilha concreta. Não é um afeto vazio, mas um "intercâmbio de entranhas": Ele sente com as pessoas, age com elas, multiplica a esperança onde antes havia escassez.

Esse modo compassivo de viver revela quem Deus é, um Deus que vê, que escuta, que se inclina, que se envolve. Um Deus que não apenas alimenta o coração, mas também sacia a fome do corpo. E é assim que Jesus nos convida a segui-lo – deixando que a compaixão se torne também nosso modo de viver e encontrar os outros.

Hoje, ao ouvir este Evangelho, peçamos um coração sensível, capaz de se deixar tocar pela dor do outro. Que nossos olhos não se fechem. Que nossos passos não ignorem. Que, como Jesus, sejamos capazes de ver, sentir e agir.

## Revisar a oração

Tome um tempo para rever sua oração. O que mais te tocou? Alguma imagem, palavra ou sentimento ficou mais forte? Houve consolo, resistência, um chamado interior? Converse com Jesus sobre isso com simplicidade. Deixe-se olhar por ele. Deixe-se amar.

# Quinta-feira: 4 de dezembro

**"Nem todo aquele que me diz: 'Senhor, Senhor', entrará no Reino dos Céus, mas o que põe em prática a vontade de meu Pai que está nos céus." (Mt 7,21)**

Is 26,2-6 | Sl 117(118), 1.8-9.19-21.25-27a (R. 26a) | Mt 7,21.24-27

GRAÇA A PEDIR

Senhor, dai-nos uma fé concreta, firmada na tua Palavra e traduzida em gestos de amor, misericórdia e compromisso no dia a dia.

EVANGELHO DE JESUS CRISTO SEGUNDO SÃO MATEUS 7,21.24-27

## Imaginar a cena bíblica

Imagine-se ao lado de Jesus, diante de dois terrenos. Ele te olha com amor e te convida a construir a tua vida. Um solo é firme como rocha; o outro, instável como areia. Qual alicerce você escolhe?

Tenho edificado minha vida sobre a rocha da escuta e da prática do Evangelho – ou sobre a areia das aparências e vaidades?

Quais gestos concretos de amor e misericórdia posso viver hoje, no chão real da minha existência, com as pessoas que me rodeiam?

## Refletir para tirar proveito

Num mundo em que a fé tantas vezes se esvazia em discursos e o amor se reduz a boas intenções, somos chamados a um amor que se torna gesto. Um amor que se doa. Que se compromete. Porque a fé verdadeira não habita nas palavras – mas na prática. Não se mede pelas intenções declaradas, mas pelas escolhas concretas, feitas no silêncio da vida cotidiana.

Na parábola contada por Jesus, dois personagens escutam a mesma Palavra. Ambos ouvem, ambos recebem. Mas apenas um a coloca em prática. E é aí que reside a diferença: não no conhecimento, mas na resposta. Não no quanto se sabe, mas no quanto se vive.

Um constrói sua casa sobre a rocha; o outro, sobre a areia. À primeira vista, ambas parecem sólidas. Mas é quando as tempestades chegam – e elas sempre chegam – que se revelam os alicerces. A dor, o conflito, a decepção... são esses ventos que expõem onde, de fato, firmamos a nossa fé.

É preciso, então, estarmos atentos. Atentos às sutilezas da vaidade, às armadilhas da hipocrisia, à tentação de parecer em vez de ser. Porque há práticas religiosas que falam muito de Deus, mas pouco se aproximam do irmão. Há espiritualidades que habitam os templos, mas passam ao largo dos que sofrem. Esse é um tipo de fé construída sobre a areia: bela por fora, frágil por dentro.

Santo Inácio de Loyola, com sabedoria erguida na intimidade com Deus, dizia: "O amor deve consistir mais em obras do que em palavras". E ele aprendeu isso contemplando o próprio Deus – um Deus que tanto amou o mundo, que entregou o seu Filho único (Jo 3,16). Um amor que não permaneceu no plano das ideias, mas se fez carne. Um amor com pés sujos de estrada, mãos calejadas de cuidado e coração atravessado por uma cruz. Essa é a fé construída sobre a rocha.

## Revisar a oração

Revise a sua oração com liberdade. O que te tocou? Que palavra ou imagem ficou mais forte? Que resistências apareceram? Houve consolo? Desconforto? Converse com Jesus sobre tudo isso.

# Sexta-feira: 5 de dezembro

**"Faça-se conforme a vossa fé." (Mt 9,29)**

Is 29,17-24 | Sl 26(27),1.4.13-14 (R. 1a) | Mt 9,27-31

GRAÇA A PEDIR

Senhor, dai-nos olhos curados pela fé, para reconhecer tua presença mesmo na escuridão e ver como tu vês: com esperança, ternura e confiança.

EVANGELHO DE JESUS CRISTO SEGUNDO SÃO MATEUS 9,27-31

## Imaginar a cena bíblica

Veja os dois cegos caminhando atrás de Jesus. Ouça seus clamores cheios de fé: "Filho de Davi, tem piedade de nós!" (Mt 9,27).

Sinta a perseverança deles, mesmo na escuridão. Agora, já dentro da casa, eles estão diante de Jesus. Ele os olha nos olhos e pergunta com ternura: "Acreditais que posso fazer isso?" (Mt 9,28).

Ele se aproxima... toca seus olhos... Como você se sente nesse encontro? Como está o seu olhar? O que o Jubileu da Esperança me convida a enxergar de novo – ou de forma diferente?

## Refletir para tirar proveito

À primeira vista, a cena do Evangelho parece contraditória: como dois cegos podem seguir alguém? Mas esse paradoxo revela algo profundo – somos todos, de alguma forma, cegos que tentam seguir Jesus. Não o seguimos porque vemos claramente, mas porque o desejamos com sinceridade. Aqueles homens, mesmo sem enxergar, caminham. Mesmo sem garantias, gritam. São movidos por algo maior que a visão: são movidos pela fé, pela esperança, pelo desejo de reencontrar a luz. E é justamente por isso que sua história representa a de todo discípulo.

Discípulo é aquele que caminha mesmo sem ver tudo com clareza. Que segue Jesus com os olhos em cura, aprendendo a cada passo a confiar. Os dois cegos do Evangelho seguem até a casa – espaço de encontro e intimidade – e é ali que Jesus pergunta: "Acreditais que posso fazer isso?". Eles respondem com o coração: "Sim, Senhor." E então seus olhos se abrem. A cura, porém, não é apenas física: é um novo modo de ver. É a fé transformando o olhar, ensinando a enxergar como Cristo enxerga – com compaixão, com esperança, com misericórdia.

Foi essa mesma transformação que Inácio de Loyola viveu em sua experiência espiritual. Após um tempo de cegueira interior, ele passou a ver Deus em todas as coisas. À beira do rio Cardoner, sentiu-se inundado por uma nova luz: o mundo continuava o mesmo, mas seu olhar havia mudado. Tudo se tornara transparente à presença divina. Ver com fé não é ter todas as respostas, mas é deixar-se tocar por Deus a ponto de ver diferente: a si mesmo, os outros, a vida, a missão.

É esse olhar renovado que o Advento nos convida a cultivar, e que o Jubileu da Esperança deseja reacender em nós. Em tempos marcados por sombras, ruídos e incertezas, somos chamados a caminhar como os cegos do Evangelho – com confiança, desejo e coragem. Que nossa oração seja também um grito: "Filho de Davi, tem piedade de nós!". Que nossa fé nos leve até a casa do encontro, onde Jesus nos espera para curar nosso olhar. E que nossos olhos, enfim abertos, possam ver a Deus em tudo – inclusive na esperança que insiste em nascer, mesmo em meio à escuridão.

## Revisar a oração

Ao final da sua oração, faça um pequeno silêncio e relembre o que mais tocou seu coração. Houve alguma palavra que ficou? Alguma resistência? Algum consolo ou movimento interior? Apresente isso ao Senhor com liberdade, como um amigo fala a outro amigo.

# Sábado: 6 de dezembro

**“Não é o muito saber que sacia e satisfaz o interior, mas o sentir e saborear as coisas internamente” (EE, n. 2).**

Is 30,19-21.23-26 | Sl 146(147A),1-2.3-4.5-6 (R. Is 30,18) | Mt 9,35–10,1.6-8

## REPETIÇÃO INACIANA

### Sentido da repetição

Santo Inácio nos ensina que, ao rezar, não importa “muito saber, mas saborear internamente” as coisas de Deus. Por isso, propõe a “repetição” como um modo de voltar aos pontos mais significativos da oração, para recolher os frutos, aprofundar os movimentos interiores e deixar que a Palavra desça mais fundo.

Hoje é dia de parar e olhar para trás: o que esta semana do Advento me revelou? Que sentimentos surgiram? Que apelos ecoaram dentro de mim? Que luzes se acenderam?

A repetição não é repetir mecanicamente. É revisitar com o coração, é pedir ao Espírito que me mostre onde Deus passou e o que ele deixou. Porque a esperança se cultiva também assim: reconhecendo os pequenos sinais da presença de Deus no caminho.

Que este sábado seja um dia de gratidão e interiorização: um dia para ver melhor, sentir com mais profundidade e guardar no coração – como Maria – tudo o que Deus falou ao longo do caminho.

### Sugestão de itinerário para a repetição

Você pode escolher um ou dois momentos de oração da semana que mais o(a) tocaram – um Evangelho, uma imagem, uma palavra, uma frase, um sentimento. Volte a rezar com ele(s). Relendo o texto. Revivendo a oração. Escutando de novo a voz de Deus.

### Perguntas para aprofundar

O que mais me tocou nesta semana? Houve alguma palavra, imagem ou apelo que ficou ecoando em mim? Que desejo amadureceu no meu coração ao longo desses dias? O que o Senhor está me pedindo para conservar, guardar e viver?

## Revisar a oração

Depois da repetição, dedique um tempo à escuta interior. Anote o que emergiu. Agradeça. E, se quiser, compartilhe com alguém do grupo ou da comunidade.

# SEGUNDA SEMANA

## RETIRO DE ADVENTO E NATAL

*Filipe do Amaral Mendes*

# Introdução

Na primeira semana do Advento, fomos convidados à esperança e à vigilância, despertando para os sinais de Deus no cotidiano e renovando o desejo de conversão. Agora, na segunda semana, somos chamados a abrir o coração à graça de Deus, que transforma o deserto em jardim e o silêncio em escuta.

O deserto torna-se símbolo do nosso interior: lugar de silêncio, solidão e encontro com Deus. Ali, onde tudo parece estéril, a graça floresce. A voz que clama no deserto nos convida à conversão e à preparação do caminho do Senhor dentro de nós.

Nesse trajeto, Maria, Senhora do Advento, ilumina nosso caminho com sua fé silenciosa e entrega total. Seu "sim" nos ensina a confiar, a desejar o que Deus deseja e a viver com esperança mesmo nas incertezas.

Contemplamos também a misericórdia de Deus, que, como nosso pastor, não se cansa de nos buscar. Ele habita em nosso coração, deseja curar nossas feridas e restaurar nossa dignidade.

No caminho, a esperança que brota em nós nos impulsiona a sair de nós mesmos, como Maria, que partiu para servir Isabel. Somos chamados a ser presença viva de Deus no mundo: vozes de justiça, mãos que acolhem, corações que irradiam luz.

Este é um tempo de escuta, silêncio fecundo e reencontro com o essencial. Que esta semana nos ajude a viver o nascimento de Cristo dentro de nós. Da nossa parte, ajuda encontrar os meios necessários para estar a sós com Deus. É preciso disciplina e foco, seguindo o propósito diário de oração que planejamos. O Senhor nos ajuda nesse caminho.

# Domingo: 7 de dezembro

**"Voz que clama no deserto." (Mt 3,3)**

Is 11,1-10 | Sl 71(72),1-2.7-8.12-13.17 (R. cf. 7) | Rm 15,4-9 | Mt 3,1-12

## Acolhida e silêncio

Respire profundamente... Inspire... Expire...

GRAÇA A PEDIR

Senhor, aqui estou.
Desejo encontrar-te no silêncio do deserto.

EVANGELHO DE JESUS CRISTO SEGUNDO SÃO MATEUS 3,1-12

## Imaginar a cena bíblica

Imagine-se no deserto da Judeia. Sinta o calor, o vento seco. Veja a paisagem. Que sensações e sentimentos surgem?

### Diálogo com João Batista

Você percebe João Batista se aproximando. Observe atentamente. Ele proclama: "Convertei-vos, pois o Reino dos Céus está próximo!" (Mt 3,2). Deixe essas palavras ecoarem em você. Aproxime-se de João. Converse com ele. Ouça o que ele diz.

### A direção da vida

João aponta uma direção. Veja na direção apontada por ele e siga por esse caminho.

### O encontro com Jesus

Seguindo a direção, você encontra Jesus. Mostre a ele o que você carrega em sua bagagem: memórias, dores, alegrias, lutas do caminho. Converse com ele como um amigo.

## Refletir para tirar proveito

Deserto, caminho, voz... O Evangelho de hoje está carregado de símbolos que nos convidam a uma peregrinação interior. O Advento é tempo favorável a esse propósito. É tempo de espera – uma espera carregada de esperança, mesmo sem sabermos o que o amanhã nos trará. É uma expectativa carregada de uma tensão saudável, que nos coloca a caminho, voltada à encarnação de Deus e à nossa união com ele.

Na Bíblia, o deserto é lugar de silêncio, solidão e encontro com Deus. O deserto pode ser barreira ou oportunidade. Também simboliza a aridez, a falta de sentido, o terreno não cultivado... É metáfora do percurso humano, contraditório, mas cheio de possibilidades.

Em alguns países, vemos esforços tecnológicos, com grandes investimentos, para tornar os desertos físicos em lugares habitáveis. O Advento nos propõe algo semelhante: investir em nosso deserto interior, permitindo que ele floresça e seja habitável, a fim de que possa surgir vida nova em nosso coração. Orar é respirar o movimento de vida que brota de nossos desertos interiores. É escutar a "voz que clama", é caminhar com esperança nos "terrenos difíceis", levando em nossa bagagem memórias, dores, alegrias e vitórias, permitindo que ali Deus possa transformar nossos desertos em "terras férteis".

Somos convidados a partir do nosso deserto interior rumo ao "deserto exterior": lugares existenciais desumanizados, frios e egoístas. Ali também podemos ser vozes que clamam por justiça, paz e fraternidade. Como peregrinos nutridos pela esperança, somos chamados a realizar o sonho de Isaías: "Alegrem-se o deserto e o árido. Dê grito de júbilo a estepe e floresça. Porque águas romperão no deserto e rios, na estepe" (Is 35,1.6).

## Revisar a oração

Quais áreas da minha vida estão áridas e precisam reviver?

______________________________________________

______________________________________________

______________________________________________

# Segunda-feira: 8 de dezembro

## Imaculada Conceição da Bem-Aventurada Virgem Maria

**"Faça-se!" (Lc 1,38)**

Gn 3,9-15.20 | Sl 97(98),1.2-3ab.3cd-4 (R. 1a) | Ef 1,3-6.11-12 | Lc 1,26-38

### Acolhida e silêncio

Respire profundamente... Inspire... Expire...

GRAÇA A PEDIR

Senhor, aqui estou. Abro meu coração para a tua vontade.

EVANGELHO DE JESUS CRISTO SEGUNDO SÃO LUCAS 1,26-38

### Imaginar a cena bíblica

Veja a Trindade contemplando o mundo. Ela decide: "Façamos a redenção dos seres humanos". O Verbo eterno é escolhido para salvar o mundo. O anjo Gabriel parte em missão para anunciar.

#### Anunciação

Veja Maria em Nazaré. Observe sua casa. Gabriel aparece e diz: "Alegra-te, cheia de graça, o Senhor está contigo!" (Lc 1,28). Observe as reações de Maria.

#### O "sim"

Maria responde: "Faça-se em mim segundo a tua palavra" (Lc 1,38). Sinta a força desse "sim".

#### Diálogo com Maria

Converse com ela e peça a sua intercessão para que você também possa acolher os planos de Deus em sua vida.

## Refletir para tirar proveito

Na festa da Imaculada Conceição, Maria, a Senhora do Advento, é modelo de fé, esperança e entrega. Antes de conceber Jesus no ventre, Maria já tinha Deus "concebido" em seu coração.

Filha de um povo que esperava o Messias, Maria é mãe da esperança. Seu "sim" atravessou séculos e chegou até nós. Contemplar a Anunciação é mergulhar na espiritualidade do "faça-se". Maria nos ensina a pôr ordem em nosso coração. Seus afetos estão ordenados para Deus. Ela desejou o desejo de Deus, renunciando ao próprio projeto para acolher o Projeto divino: Jesus. Sua experiência nos mostra que Deus tem um plano para cada um de nós. Somos vocacionados a viver o Cristo e o Evangelho a partir dos nossos lugares existenciais: nossa casa, nossa família, nosso trabalho, nosso bairro, nossa comunidade, nossa cidade... O Advento nos convida a ordenar nossos desejos, a sair do próprio amor, querer e interesse, para abrir espaço à vontade de Deus.

A fé de Maria nos inspira a olhar para o futuro com esperança e entusiasmo. Mesmo diante do medo e da perturbação, Maria seguiu em frente. Peçamos à Imaculada, Mãe da Esperança, que nos acompanhe em nossa jornada e nos ajude a dizer "sim" ao chamado de Deus.

## Revisar a oração

Tenho acolhido os convites de Deus, mesmo quando sua vontade desafia meus próprios planos?

# Terça-feira: 9 de dezembro

**"O Pai que está nos céus não deseja que se perca nenhum desses pequeninos." (Mt 18,14)**

Is 40,1-11 | Sl 95(96),1-2.3e10ac.11-12.13 (R. Is 40,9-10) | Mt 18,12-14

## Acolhida e silêncio

Respire profundamente... Inspire... Expire...

GRAÇA A PEDIR

Senhor, aqui estou. Desejo escutar tua voz e seguir teus passos.

EVANGELHO DE JESUS CRISTO SEGUNDO SÃO MATEUS 18,12-14

## Imaginar a cena bíblica

Imagine-se entre os discípulos. Jesus diz: "Se um homem tem cem ovelhas e uma se perde, não deixa ele as noventa e nove para procurar a que se perdeu?" (Mt 18,12). Ouça.

### Contemplando o rebanho

Visualize um rebanho. Uma ovelha se perde. Você é essa ovelha. Sente medo, solidão... Mas ouve a voz do Pastor. Ele te chama.

### O encontro com o Pastor

Você se encontra com o Pastor, é Jesus. Você sente sua mão, seu olhar de amor. Ele te carrega no colo. Cure-se nesse amor.

### O retorno ao rebanho

Jesus leva você de volta ao rebanho. Você se sente acolhido(a). Agradeça. Reze: "Senhor, obrigado por me encontrar e me carregar. Ajuda-me a seguir tua voz e viver com esperança".

Silêncio e gratidão

Finalize com um pai-nosso ou uma ave-maria. Permaneça em paz.

## Refletir para tirar proveito

Neste tempo de Advento, somos convidados a um reencontro profundo: com Deus, conosco mesmos e com as outras pessoas, próximas ou não. A parábola da ovelha perdida nos revela um Deus que não desiste de ninguém, que nos procura com ternura e nos acolhe com alegria. É um chamado a voltarmos ao coração, onde ele habita – fonte de vida, amor e sentido.

Nosso interior é um lugar sagrado, cheio de riquezas ainda não descobertas. Quando nos abrimos à espiritualidade, Deus deixa de ser apenas uma ideia e se torna presença viva. Entra em nossas profundas convicções. Ele toca nossas feridas, ordena nossos afetos e nos devolve a dignidade de filhos amados.

O pecado nos afasta do nosso "eu original", mas o Advento é tempo de cura, reconciliação e retorno. Contemplar Jesus nos ajuda a reencontrar nossa verdadeira identidade: imagem e semelhança de Deus, pecadores amados, portadores de um tesouro em vasos de barro. Ele nos devolve nossa humanidade, nos acolhe como somos e nos convida a viver com autenticidade e esperança. Jesus nos revela nossa melhor versão. Não somos as imagens distorcidas que temos de nós mesmos, criadas a partir das feridas da vida – somos filhos amados de Deus, cheios de potencialidades prontas a serem ativadas em favor da vida.

O retorno da "ovelha perdida" ao redil do Senhor é, para nós, reencontrar o caminho do próprio coração. É nesse reencontro que nos reconhecemos amados, restaurados e em paz.

O Advento também nos convida a restaurar vínculos: com a família, a comunidade, a Igreja, para vivermos um Natal mais pleno. Que o Senhor nos carregue em seu colo amoroso e nos conduza pelas pastagens da esperança, de volta ao redil da vida plena, onde somos inteiramente dele.

## Revisar a oração

Quais partes do meu coração ainda precisam ser reencontradas por Deus?

# Quarta-feira: 10 de dezembro

**“Vinde a mim todos vós que estais cansados.” (Mt 11,28)**

Is 40,25-31 | Sl 102(103),1-2.3-4.8.10 (R. 1a) | Mt 11,28-30

## Acolhida e silêncio

Respire profundamente... Inspire... Expire...

GRAÇA A PEDIR

Senhor, aqui estou. Desejoso de te encontrar
e de descansar em ti.

EVANGELHO DE JESUS CRISTO SEGUNDO SÃO MATEUS 11,28-30

## Imaginar a cena bíblica

Imagine-se entre o povo que acompanha Jesus. Veja os rostos marcados pela vida. O que você sente ao vê-los? Jesus olha com compaixão e diz: “Vinde a mim todos vós que estais cansados... e eu vos darei descanso” (Mt 11,28). Deixe essas palavras impactarem você.

### Entregando os fardos

Quais fardos você carrega? Entregue-os a Jesus. Converse com ele. Peça cura e alívio.

### Silêncio e olhar

Silencie. Olhe para Jesus. Sinta o olhar de amor de Jesus sobre você.

### Descanso e esperança

Descanse nesse amor. Você é amado(a), acolhido(a), restaurado(a).

### Retorno ao caminho

Levante-se com novo ânimo. Leve aos outros o amor que recebeu.

## Refletir para tirar proveito

Estou cansado, é claro,
Porque, a certa altura, a gente tem que estar cansado.
De que estou cansado, não sei:
De nada me serviria sabê-lo,
Pois o cansaço fica na mesma.
A ferida dói como dói
E não em função da causa que a produziu.
Sim, estou cansado,
E um pouco sorridente
De o cansaço ser só isto
Uma vontade de sono no corpo,
Um desejo de não pensar na alma,
E por cima de tudo uma transparência lúcida
Do entendimento retrospectivo...

(PESSOA, F., *Poesias de Álvaro de Campos*, Lisboa, Ática, 1944).

Há um cansaço mais profundo, existencial, que nem sempre sabemos nomear. Um cansaço que não se explica por uma causa específica, mas que se manifesta como uma vontade de repouso no corpo e uma necessidade de silêncio na alma.

A rotina desgastante vai, aos poucos, minando nossas forças. Vamos nos afastando de nós mesmos, da nossa interioridade. Muitas vezes, vivemos como se estivéssemos sempre correndo atrás de metas, conquistas, resultados... e esquecemos de contemplar as paisagens do caminho.

A espiritualidade nos ajuda a entrar em contato com nossa humanidade, a estar inteiros em nós mesmos, a sair de uma vida superficial em direção a uma vida com sentido. É preciso atenção e foco naquilo que Deus deseja para nós, hoje. Precisamos ouvi-lo. A vida espiritual permite que nossas ações se tornem expressão da nossa verdade interior, como pessoas autênticas, transparentes e cheias de sentido.

Conectar-nos com nossa essência exige coragem. Transformar-nos na direção do que desejamos ser desafia o ritmo acelerado da vida moderna. A hiperconectividade nos dispersa, nos rouba o silêncio e a solidão. Vamos nos tornando inquietos, inseguros, ansiosos... e cada vez menos reflexivos. Jesus nos convida ao recolhimento, ao descanso, à leveza e à esperança.

## Revisar a oração

Quais fardos invisíveis tenho carregado que preciso entregar a Deus para viver com mais leveza e autenticidade?

# Quinta-feira: 11 de dezembro

**"De todos os homens que já nasceram, nenhum é maior do que João Batista." (Mt 11,11)**

Is 41,13-20 | Sl 144(145),1.9.10-11.12-13ab (R. 8) | Mt 11,11-15

## Acolhida e silêncio

Respire profundamente... Inspire... Expire...

GRAÇA A PEDIR

Senhor, aqui estou.
Desejo escutar tua voz, buscar teu desejo para mim.

EVANGELHO DE JESUS CRISTO SEGUNDO SÃO MATEUS 11,11-15

## Imaginar a cena bíblica

Imagine-se na multidão que acompanha Jesus.

### Contemplando Jesus

Agora, dirija seu olhar a Jesus. Veja seu rosto sereno, seus olhos atentos, sua presença firme e amorosa.

Ele acaba de receber dois discípulos de João Batista – você percebe que Jesus está comovido. Ele sabe que João está preso –. Observe atentamente a cena. Jesus se volta à multidão e diz: "Em verdade eu vos digo, de todos os homens que já nasceram, nenhum é maior do que João Batista" (Mt 11,11).

Deixe que essas palavras impactem seu coração. O que elas despertam em você?

Sinta a admiração de Jesus. Observe seus gestos, a entonação da voz, o brilho nos olhos...

### Escutando com o coração

Jesus continua: “No entanto, o menor no Reino dos Céus é maior do que ele” (Mt 11,11).

Ouça atentamente. Repita essas palavras em seu coração. Deixe que elas criem raízes em você.

### Diálogo com Jesus

Agora, aproxime-se de Jesus. Converse com ele. Pergunte o que significa ser “menor no Reino”. Fale sobre os sentimentos que surgiram em sua oração.

### Silêncio e gratidão

Permaneça em silêncio por alguns instantes. Deixe que o olhar de Jesus repouse sobre você. Sinta-se amado(a), chamado(a), enviado(a).

## Refletir para tirar proveito

É comovente ver a admiração de Jesus por João Batista: “De todos os homens, nenhum é maior que João. No entanto, o menor no Reino dos Céus é maior do que ele”. Essas palavras nos tocam e nos fazem refletir: o que Jesus vê em mim? O que ele pensa a meu respeito? O que tenho feito por ele? O que posso fazer por ele?

João Batista preparou a vinda de Jesus, mas o Reino estava dentro dele. Estamos dispostos a viver com essa mesma entrega?

Refletir sobre as dinâmicas do nosso próprio coração pode nos ajudar a viver com mais autenticidade, num caminho que nos descentraliza de nós mesmos e nos recentraliza em Deus. É preciso certa ordem no coração, na afetividade. O centro é Jesus. Ele é o Reino. Ele é o centro de gravidade que nos atrai. Gravitamos em torno dele. Movemo-nos sob sua influência. Nele respiramos, nos movemos, existimos e somos.

Na lógica do Reino, o menor é o maior – Jesus convida a abraçar o desapego e a humildade como caminhos de liberdade e verdade. O Reino já habita em nós como dom. Cabe a nós deixá-lo crescer e contemplá-lo ao nosso redor, colaborando com ele.

## Revisar a oração

Se Jesus olhasse para mim agora, o que ele veria? O que despertaria sua admiração, e o que ainda precisaria ser transformado pelo seu amor?

# Sexta-feira: 12 de dezembro

## Bem-aventurada Virgem Maria de Guadalupe, Padroeira principal da América

**“Bem-aventurada aquela que acreditou.” (Lc 1,45)**

Gl 4,4-7 | Sl 95(96),1-2a.2b-3.10 (R. 3a) | Lc 1,39-47

### Acolhida e silêncio

Respire profundamente... Inspire... Expire...

GRAÇA A PEDIR

Senhor, aqui estou.
Desejo contemplar o mistério da tua presença em Maria.

EVANGELHO DE JESUS CRISTO SEGUNDO SÃO LUCAS 1,39-47

### Imaginar a cena bíblica

Imagine-se na região montanhosa da Judeia. Nela, Maria caminha com pressa, cheia de amor e esperança. Você a acompanha, sente o esforço e a alegria dela.

#### O encontro com Isabel

Maria chega à casa de Isabel. A criança salta em seu ventre. Isabel exclama: “Bendita és tu entre as mulheres e bendito é o fruto do teu ventre!” (Lc 1,42). Observe a cena e sinta a alegria desse encontro.

#### Escutando Maria

Ouça Maria proclamar: “A minha alma engrandece o Senhor” (Lc 1,46). Deixe essas palavras ecoarem em você.

#### Diálogo com Maria

Converse com Maria sobre os seus sentimentos.

Silêncio e gratidão

Permaneça em silêncio. Agradeça por esse momento.

## Refletir para tirar proveito

> Missão é partir, caminhar, deixar tudo, sair de si, quebrar a crosta do egoísmo que nos fecha no nosso eu. É parar de dar volta ao redor de nós mesmos como se fôssemos o centro do mundo e da vida. É não se deixar bloquear nos problemas do pequeno mundo a que pertencemos: a humanidade é maior. Missão é partir, mas não devorar quilômetros. É, sobretudo, abrir-se aos outros como irmãos, descobri-los e encontrá-los. E, se para encontrá-los e amá-los é preciso atravessar os mares e voar lá nos céus, então Missão é partir até os confins do mundo (Dom Helder Câmara).

Na Bíblia consideramos que antes do nascimento do Menino Jesus, Maria fez uma longa caminhada de Nazaré até Ain-Karim, que, segundo a tradição, é o provável local de nascimento de João Batista, para ajudar sua prima Isabel. Segundo o *Google Maps*, ela teria percorrido uma distância de aproximadamente 144 quilômetros!

Maria partiu apressadamente pelas montanhas da Judeia, levando em si aquele que é nossa esperança. O Reino tem pressa! Pessoa simples, humana e silenciosa, Maria era consciente de si e de sua missão. Enfrentou o cansaço e os riscos do caminho com coragem. Nos tempos atuais, ninguém melhor do que a mulher do silêncio para nos lembrar da urgência de desconectar-se das redes digitais/sociais e reconectar-se com o essencial, cultivando a cultura do encontro, da celebração e do cuidado com o próximo e com a criação.

Hoje celebramos Nossa Senhora de Guadalupe, Mãe da Esperança. Ela caminha conosco, visita nossas dores e alegrias e nos consola com sua presença. Que Maria nos ajude a seguir pelas montanhas da vida, nos ensine a sermos portadores da Luz, mensageiros da alegria, peregrinos da esperança, e a viver com a humildade daqueles que se colocam a serviço do Reino.

## Revisar a oração

Quais montanhas interiores preciso atravessar para encontrar e ser presença luminosa na vida do outro?

# Sábado: 13 de dezembro

**"Elias há de vir para restabelecer as coisas..." (Mt 17,11)**

Eclo 48,1-4.9-11 | Sl 79(80),2ac.3b.15-16.18-19 (R. 4) | Mt 17,10-13

## REPETIÇÃO INACIANA

### Repetição da oração com o diário espiritual

Encontre um lugar tranquilo. Sente-se confortavelmente. Feche os olhos, se desejar.

### Preparação

Respire profundamente... e suavemente.
Mais uma vez...
E mais uma vez...
Permita-se estar em silêncio por dentro e por fora.

### Presença

Tome consciência de que você está na presença do Senhor.
Ele está aqui.
Com você.
Para você.

### Sinal da cruz

Faça o sinal da cruz, com reverência e atenção.

### Oração inicial

Peça a Deus nosso Senhor: "Que todas as minhas intenções, ações e operações sejam dirigidas unicamente ao serviço e louvor de sua divina Majestade" (EE, n. 46).

Faça uma pausa.

## Releitura

Abra seu diário espiritual e leia novamente as anotações do domingo, prestando atenção nos versículos que tocaram seu coração ou naqueles que causaram resistência.

## Meditação/contemplação

Volte a meditar/contemplar esses pontos.

Se não sentir o mesmo gosto espiritual, permaneça em fé, paz e silêncio diante da Palavra. Se sentir gosto espiritual, permaneça aí.

Saboreie. Acolha.

## Memória e reflexão

Volte na sua memória: o que você sentiu nessa oração? Houve pensamentos, apelos, luzes? Algo te interrogou? Ou te desinstalou?

## Diálogo com o Senhor

Converse com o Senhor sobre tudo isso. Abra seu coração e fale com ele como um amigo fala com seu amigo.

Repita esse processo com as outras anotações da semana: leia... medite... contemple... reflita... converse com o Senhor.

## Encerramento

Finalize sua oração conforme o seu costume. E, com serenidade, anote em seu diário espiritual o que ficou deste momento.

# TERCEIRA SEMANA

## RETIRO DE ADVENTO E NATAL

***Pe. José dos Passos, SJ***

# Introdução

A terceira semana do Advento começa com o testemunho de Jesus acerca de João Batista e termina com a Novena do Natal, cujos textos não variam a cada ano. No domingo encontramos João Batista enviando dois discípulos seus a Jesus para certificar-se se Jesus é o messias ou se se deve esperar outro. Na prisão, João parece admirado com o que escuta acerca de Jesus. De fato, Jesus não corresponde a nenhuma expectativa messiânica de sua época e João, que esperava um messias com a pá na mão para recolher a palha e deitá-la ao fogo, não é exceção. Por isso envia discípulos para interrogarem a Jesus e nesta ocasião somos instruídos por Jesus, que faz saber que sua novidade ultrapassa todas as expectativas humanas. Compreender tal novidade é experimentar a utopia do Reino de Deus e viver sua bem-aventurança.

O terceiro domingo do Advento é o "Domingo da Alegria". O profeta Isaias abre a liturgia da Palavra com um convite: "Alegre-se a terra que era deserta e intransitável, exulte a solidão e floresça como um lírio. Germine e exulte de alegria e louvores" (Is 35,1-2). A alegria nos vem do Senhor. É a alegria que não se pode comprar, porque é dom gratuito que nos vem do Evangelho. Esta alegria é aquela que dá contentamento ao pobre e nos faz perguntar como, mesmo em meio à dor, sofrimento e perseguição, alguém permanece firme em seus propósitos e vivendo a firmeza permanente.

A alegria está entre os dons do Espírito Santo de que nos fala São Paulo na Carta aos Gálatas. Por ser dom, ela não pode ser comprada e nem gerada pelo nosso esforço ou trabalho. Mas pode ser pedida a Deus como confirmação de nossa vida de fé, pois a alegria nos confirma nos bons propósitos e decisões.

Insistentemente peçamos ao Senhor que nos faça experimentar a alegria da vinda de seu Filho ao nosso mundo. A certeza de sua bondade e de sua presença a nosso lado pode fazer nosso coração vibrar na esperança de um mundo de justiça e paz para todos, sonho que sonhamos com toda a humanidade.

# Domingo: 14 de dezembro

## Domingo da Alegria *(Gaudete)*

**"O menor no Reino dos céus é maior do que João Batista." (Mt 11,11)**

Is 35,1-6a.10 | Sl 145(146),7.8-9a.9bc-10 (R. cf. Is 35,4) | Tg 5,7-10 | Mt 11,2-11

O Evangelho do domingo nos apresenta dois cenários. De um lado, João Batista na prisão – numa tentativa de calar sua profecia. De outro, Jesus em sua atividade pública, demonstrando a chegada do Reino de Deus, fazendo surdos ouvirem, mudos falarem e o anúncio do Evangelho aos pobres.

João Batista talvez tivesse sido acometido pela desolação. Tanto trabalho e profetismo agora reduzido ao confinamento da masmorra do palácio. Será que valeu a pena tanto esforço? Ao mesmo tempo, ele ouve os ecos da pregação de Jesus – tanta novidade que não cabe nas suas percepções do Messias. Por outro lado, sentiu seu coração arder quando viu Jesus e Deus lhe dando a revelação de que Jesus é seu Cordeiro. Entre dúvidas e certezas, João consegue enviar uma mensagem a Jesus: "És tu ou devemos esperar outro?" (Mt 11,3).

Jesus responde convidando ao discernimento. Os discípulos de João deverão contar-lhe o que eles mesmos veem: o tempo novo inaugurado nas ações do Messias. Cegos enxergam, surdos ouvem, a boa-nova para os pobres... "felizes quem não se escandalizar com tais novidades" (Mt 11,6). Jesus confirma nos sinais que realiza ser o Messias, mas todos, incluindo João Batista, somos convidados à sua novidade. O messianismo de Jesus pode ser escandaloso para quem se prende em ideologias e preconceitos.

### Acolhida e silêncio

Respire profundamente... Inspire pelo nariz... Expire pela boca... Permita-se estar aqui, agora, inteiro(a), presente. Tome consciência de que você está na presença de Deus e marque seu corpo com o sinal da cruz: "Em Nome do Pai e do Filho e do Espírito Santo".

GRAÇA A PEDIR

Senhor, dá-me a alegria do teu Evangelho e educa meus olhos para perceber os sinais de teu Reino em nosso mundo.

EVANGELHO DE JESUS CRISTO SEGUNDO SÃO MATEUS 11,2-11

## Imaginar a cena bíblica

### Entrando na cena

Imagine-se agora na terra de Jesus. Primeiro, veja a prisão em que João Batista se encontra: um lugar úmido, escuro, ambiente insalubre, ele sofre em solidão. Num segundo momento, veja o lugar em que Jesus se encontra: praça ou beira do lago; lugar iluminado pelo sol, cercado de muitas pessoas de todos os tipos, inclusive cegos, coxos e aleijados.

### Diálogo com João

Aproxime-se de João. Converse com ele. Qual o motivo de sua admiração? Talvez seja porque Jesus faz o que faz, não aquilo que ele, João, talvez esperasse. "Ele vos batizará com o Espírito Santo e com fogo. A pá em sua mão vai limpar sua eira... a palha vai queimar num fogo que nunca se extingue" (cf. Mt 3,12).

João Batista duvida? Não. Mas quer saber das "obras do Messias" que Jesus realiza. "És tu ou devemos esperar outro?" (Mt 11,3). Manda seu recado a Jesus.

## Refletir para tirar proveito

### Aproxime-se de Jesus

Acompanhe com os olhos da imaginação os dois discípulos de João Batista que trazem a Jesus a pergunta de seu mestre. Como Jesus acolhe a pergunta?

Os tempos messiânicos anunciado por Isaias (35,6-10) estão se realizando em Jesus: cegos e coxos são curados; mudos passam a falar; os pobres recebem a boa notícia... Olhe ao redor e veja as muitas pessoas que encontram o sentido de sua vida em Jesus e na sua pregação.

Escute a Jesus: "Felizes os que não se escandalizarem de o Reino de Deus se cumprir desta forma..." (Mt 11,6).

Escute e saboreie o grande elogio que Jesus faz de João Batista: ninguém nascido de mulher é tão grande quanto João. Por outro lado, também escute o convite de Jesus a ir mais longe e perceber a novidade do Reino de Deus: "No entanto, ele é menor que o menor no Reino de Deus" (Mt 11,11). João Batista foi um grande profeta, mas, como precursor que era, ficou à porta do Reino.

### A direção da vida

Converse com Jesus como um amigo fala a outro amigo. Abra seu coração. Escute o que ele tem a dizer.

### Silêncio e gratidão

Permaneça em silêncio por alguns instantes. Agradeça por esse encontro.

## Revisar a oração

Ao final da sua oração, faça um pequeno silêncio e relembre o que mais tocou seu coração. Houve alguma palavra que ficou? Alguma resistência? Algum consolo ou movimento interior? Apresente isso ao Senhor com liberdade, como um amigo fala a outro amigo.

# Segunda-feira: 15 de dezembro

**"Todo poder me foi dado no céu e na terra." (Mt 28,18)**

Nm 24,2-7.15-17a | Sl 24(25),4bc-5ab.6-7bc.8-9 (R. 4b) | Mt 21,23-27

## Acolhida e silêncio

Respire profundamente... Inspire pelo nariz... Expire pela boca... Permita-se estar aqui, agora, inteiro(a), presente. Tome consciência de que você está na presença de Deus e marque seu corpo com o sinal da cruz: "Em Nome do Pai e do Filho e do Espírito Santo".

GRAÇA A PEDIR

Senhor, dá-me a alegria do teu Evangelho. Que eu não seja surdo ao teu chamamento, mas pronto e diligente para acolher o teu Messias que vem para nos salvar.

EVANGELHO DE JESUS CRISTO SEGUNDO SÃO MATEUS 21,23-27

## Imaginar a cena bíblica

### Entrando na cena

Imagine-se dentro do Templo de Jerusalém. Veja as pessoas: um grupo é o de Jesus e seus discípulos, o outro é o dos anciãos e sacerdotes do Templo junto com os escribas e fariseus.

Use da memória. Relembre as "obras do Messias" que você rezou ontem: surdos que voltam a ouvir, cegos que passam a enxergar, a boa-nova aos pobres etc. Essa autoridade de Jesus lhe foi dada pelo Pai, para revelar a chegada do Reino de Deus.

### Aproxime-se da cena

Veja os diversos personagens. Jesus em seu eterno esforço de revelação da bondade de Deus. Os seus discípulos que nele encontram "palavras de vida eterna". Repare também nos adversários, membros da elite da Religião: chefes dos sacerdotes e anciãos do Templo. Veja as roupas e a postura esnobe e perceba seu olhar que julga e condena.

Acompanhe com os olhos da imaginação a distância entre Jesus e seus adversários: Jesus a serviço do Reino de Deus; os anciãos e sacerdotes a serviço de si mesmos e de seu poder. Eles sentem-se ameaçados por Jesus.

### Escute o debate e fique atento às palavras

Os adversários é que se aproximam e pedem: "Com que autoridade fazes estas coisas e quem te deu tal autoridade?" (Mt 21,23). A resposta de Jesus é uma pergunta que envolve a João Batista: "o batismo de João era de Deus ou dos homens? Respondei-me e vos direi quem me deu autoridade" (Mt 21,25).

Veja o que fazem: confabulam entre si e chegam à conclusão de que é melhor não responderem para não serem desmascarados em sua hipocrisia diante do povo.

Porque evitaram dar uma resposta, Jesus também não lhes responde. De que adianta uma resposta quando o interlocutor não quer o diálogo, mas quer simplesmente o confronto e a perseguição?

## Refletir para tirar proveito

O Evangelho deste dia nos apresenta a polêmica em torno da autoridade de Jesus em relação ao Templo de Jerusalém. As diversas vezes que o Evangelho de João nos mostra Jesus indo a Jerusalém, os chefes dos sacerdotes e os anciãos do Templo tentam enquadrar a Jesus e seu ensinamento. Hoje e amanhã vemos um destes embates. Se os chefes da religião de Jerusalém questionam a autoridade de Jesus é porque não querem se demover ao seu testemunho, não mostram abertura ao seu ensinamento e o combatem porque não reconhecem a Jesus como enviado de Deus e não se converterão. Pelo contrário, estes são os responsáveis pela cruz de Jesus.

### A direção da vida

Converse com Jesus como um amigo fala a outro amigo. Abra seu coração. Escute o que ele tem a dizer.

Silêncio e gratidão

Permaneça em silêncio por alguns instantes. Agradeça por esse encontro. Reze uma oração vocal e se despeça do Senhor com reverência.

## Revisar a oração

Ao final da sua oração, faça um pequeno silêncio e relembre o que mais tocou seu coração. Houve alguma palavra que ficou? Alguma resistência? Algum consolo ou movimento interior? Apresente isso ao Senhor com liberdade, como um amigo fala a outro amigo.

# Terça-feira: 16 de dezembro

**"Prostitutas e publicanos creram nele." (Mt 21,32)**

Sf 3,1-2.9-13 | Sl 33(34),2-3.6-7.17-18.19 e 23 (R. 7a) | Mt 21,28-32

## Acolhida e silêncio

Respire profundamente... Inspire pelo nariz... Expire pela boca... Permita-se estar aqui, agora, inteiro(a), presente. Tome consciência de que você está na presença de Deus e marque seu corpo com o sinal da cruz: "Em Nome do Pai e do Filho e do Espírito Santo".

GRAÇA A PEDIR

Senhor, dá-me a alegria do teu Evangelho. Que eu não seja surdo ao teu chamamento, mas pronto e diligente para acolher o teu Messias que vem para nos salvar.

EVANGELHO DE JESUS CRISTO SEGUNDO SÃO MATEUS 21,28-32

## Imaginar a cena bíblica

### Entrando na cena

Como no dia de ontem, imagine-se dentro do Templo de Jerusalém. Veja as pessoas: o grupo composto por Jesus e seus discípulos e o dos anciãos, sacerdotes, escribas e fariseus.

Use da memória. Relembre a polêmica sobre a autoridade de Jesus e sua resposta aludindo a João Batista, cujo batismo vem de Deus. Jesus, na ofensiva, conta a parábola dos filhos enviados pelo pai a trabalhar na vinha. Um disse que não queria ir, mas foi. O outro disse que ia, mas não foi. Os chefes do Templo respondem corretamente quando perguntados: "quem fez a vontade do pai" (Mt 21,31). Então Jesus aplica o sentido da parábola a seus interlocutores, identificando-os como aqueles que falam da vontade de Deus, mas não a cumprem, ao passo que as prostitutas e publicanos, ao dar atenção à mensagem do Batista, cumprem com aquilo que Deus quer.

### Aproxime-se da cena

Repare nas reações dos interlocutores de Jesus ao ouvir a parábola. Certamente experimentam uma sensação de incômodo por terem sido desmascarados em suas intenções.

Repare em Jesus. Seu desejo não é vencer o adversário, mas atrair seus interlocutores a um caminho de conversão e mudança de vida. Para isso não deixa de falar com firmeza.

## Refletir para tirar proveito

As controvérsias no Templo continuam. Jesus apela por uma parábola. Como em geral acontece, a parábola envolve os ouvintes. Os chefes dos sacerdotes e anciãos do Templo veem o ensinamento da parábola envolvê-los: o filho que diz que vai e não foi – e, portanto, não fez a vontade do Pai – são eles. João Batista, no seu caminho de justiça, convidou e envolveu prostitutas e publicanos – pecadores públicos –, enquanto a elite do Templo, tida como santa e pura, não reconheceu a João Batista, não o acolheu, não se converteram e ainda perseguiram o profeta. Os dirigentes do Templo dão a Jesus o mesmo tratamento, a perseguição e, finalmente, a morte na cruz.

### A direção da vida

Converse com Jesus como um amigo fala a outro amigo. Abra seu coração. Escute o que ele tem a dizer.

### Silêncio e gratidão

Permaneça em silêncio por alguns instantes. Agradeça por esse encontro. Reze uma oração vocal e se despeça do Senhor com reverência.

## Revisar a oração

Ao final da sua oração, faça um pequeno silêncio e relembre o que mais tocou seu coração. Houve alguma palavra que ficou? Alguma resistência? Algum consolo ou movimento interior? Apresente isso ao Senhor com liberdade, como um amigo fala a outro amigo.

# Quarta-feira: 17 de dezembro

## Primeiro dia da Novena do Natal

**"Ó Sabedoria do Altíssimo, que tudo determina, com doçura e com vigor: oh, vem nos ensinar o caminho da prudência."**
**(Cf. Antífonas do Ó)**

Gn 49,2.8-10 | Sl 71(72),1-2.3-4ab.7-8.17 (R. cf. 7) | Mt 1,1-17

Os textos da liturgia entre os dias 17 e 24 permanecem os mesmos todos os anos, não variam exceto nos domingos. Trata-se da Novena do Natal, um tempo precioso de preparação imediata ao mistério do nascimento do Senhor.

No Evangelho deste dia, a palavra que mais se repete é "gerou". De geração em geração, Deus vai conduzindo a história de seu povo ao ápice de sua Revelação, quando, do seio de Maria, esposa de José, "nasceu Jesus, que é chamado o Cristo" (Mt 1,16).

A História da Salvação acontece dentro da história dos homens, incluindo suas incoerências e deslizes. Assim como "a Palavra de Deus nos vem na língua dos homens" *(Missa da Terra sem males)*, a História de Deus com os homens acontece no desenrolar da vida dos homens. A genealogia é descrita a partir do ramo masculino. Mas no meio de tantos varões, aparece o nome ou a referência a quatro mulheres antes de dar o nome da mãe de Jesus: Tamar, Raab, Rute e "a mulher de Urias". Cada uma destas mulheres são como que figuras de Maria porque a gravidez de cada uma delas se deu em circunstâncias especiais que escapam à normalidade. Deus, efetivamente, escreve certo por linhas tortas.

### Acolhida e silêncio

Respire profundamente... Inspire pelo nariz... Expire pela boca... Permita-se estar aqui, agora, inteiro(a), presente. Tome consciência de que você está na presença de Deus e marque seu corpo com o sinal da cruz: "Em Nome do Pai e do Filho e do Espírito Santo".

GRAÇA A PEDIR

Senhor, ao ver realizar-se suas promessas em Jesus, faz-me sentir alegria e confiança na tua Palavra que me chama a seguir o teu Messias como meu caminho de vida.

EVANGELHO DE JESUS CRISTO SEGUNDO SÃO MATEUS 1,1-17

## Imaginar a cena bíblica

Leia o texto do Evangelho prestando atenção aos nomes.

Com o uso da memória, a partir de cada nome, relembre a importância de tal personagem na História da Salvação. Preste atenção nas quatro mulheres cujos nomes estão numa genealogia feita a partir do ramo masculino.

## Refletir para tirar proveito

> O Evangelista Mateus abre o seu Evangelho descrevendo a genealogia de Jesus a partir de seu pai, José. Está claro o seu desejo de estilizar a série, pela divisão em três segmentos e pelo número de dois setenários para cada etapa. Com tal artifício, o nascimento de Jesus fica inserido na história da humanidade, na história de um povo *(Bíblia do Peregrino).*

Nessa genealogia, quatro mães do Antigo Testamento – Tamar, Raab, Rute e Betsabeia – são mencionadas antes da conclusão, que diz: “Jacó gerou José, esposo de Maria, da qual nasceu Jesus, chamado Cristo” (Mt 1,16).

Relembre sua história pessoal como uma história inserida na mesma História da Salvação que nos trouxe Jesus, o Cristo, promessa anunciada pelos profetas e fundador da Nova Aliança dos homens com Deus. Relembre aqueles aspectos que marcam sua vida: o contexto familiar, religioso, social etc. em que você cresceu e conheceu, pela fé, o Senhor.

E seu nome: quem te deu? Tem algum significado?

### A direção da vida

Converse com Jesus como um amigo fala a outro amigo. Abra seu coração. Escute o que ele tem a dizer.

### Silêncio e gratidão

Permaneça em silêncio por alguns instantes. Agradeça por esse encontro. Reze uma oração vocal e se despeça do Senhor com reverência. Reze o salmo 139(138): "Senhor tu me sondas e conheces...".

## Revisar a oração

Ao final da sua oração, faça um pequeno silêncio e relembre o que mais tocou seu coração. Houve alguma palavra que ficou? Alguma resistência? Algum consolo ou movimento interior? Apresente isso ao Senhor com liberdade, como um amigo fala a outro amigo.

# Quinta-feira: 18 de dezembro

**"Ó Guia de Israel, que no monte do Sinai, orientastes a Moisés: oh, vinde redimir-nos, com braço estendido!" (Cf. Antífonas do Ó)**

Jr 23,5-8 | Sl 71(72),1-2.12-13.18-19 (R. cf. 7) | Mt 1,18-24

Maria, prometida em casamento a José, aparece grávida e parece não saber como contar ao noivo a graça de Deus sobre ela. José sabe que não é o pai da criança, mas se recusa a pensar numa traição de Maria. No meio desta angústia, o socorro vem do Senhor. No sonho, José é instruído por Deus sobre o que deverá fazer sem abandonar Maria nem desconfiar de sua pureza. José passa do estado de angústia àquele em que sonha com Deus a salvação da humanidade.

Mateus descreve a origem de Jesus a partir de José. Com isso, Jesus é inserido na árvore genealógica de Davi e poderá, portanto, ser chamado "Filho de Davi", de forma a cumprir as promessas de Deus feitas a seu povo.

## Acolhida e silêncio

Respire profundamente... Inspire pelo nariz... Expire pela boca... Permita-se estar aqui, agora, inteiro(a), presente. Tome consciência de que você está na presença de Deus e marque seu corpo com o sinal da cruz: "Em Nome do Pai e do Filho e do Espírito Santo".

**GRAÇA A PEDIR**

Senhor, ao ver realizar-se suas promessas em Jesus, faz-me sentir alegria e confiança na tua Palavra que me chama a seguir o teu Messias como meu caminho de vida.

## EVANGELHO DE JESUS CRISTO SEGUNDO SÃO MATEUS 1,18-24

## Imaginar a cena bíblica

Leia o texto do Evangelho sem pressa, deixando que as palavras te façam entrar nos sentimentos dos personagens.

Com o uso da imaginação, veja a cena descrita no Evangelho. Veja Maria, grávida pela ação do Espírito Santo, e José, seu esposo, um homem justo que, ao saber da situação, pensa em deixá-la secretamente para que ela não fosse punida com a morte. Visualize o sonho de José com o Anjo, mensageiro de Deus, que o tranquiliza. O que acontece com Maria vem de Deus. Vencido o temor, José assume o plano de Deus sobre sua família.

## Refletir para tirar proveito

Sinta a expectativa e a perplexidade de José; vivencie a confiança de Maria e a paz que vem do esclarecimento do Anjo. Preste atenção aos sentimentos dos personagens e procure se identificar com eles.

O mistério da Encarnação do Verbo modifica o ambiente familiar de José e Maria. Qual o significado deste evento de nossa salvação para a história humana e para mim?

### A direção da vida

Converse com Maria e com José ao modo como um amigo fala a outro amigo. Converse com o Verbo encarnado no ventre de Maria. Converse sobre a confiança de Maria e pergunte a José como ele se deixou envolver pela confiança a partir do sonho. Fale como essa promessa de Amor também se realiza na sua vida. Abra seu coração. Escute o que Deus tem a dizer.

### Silêncio e gratidão

Permaneça em silêncio por alguns instantes. Agradeça por esse encontro. Reze uma oração vocal e se despeça do Senhor com reverência. Reze o Salmo 121: “Levanto os olhos para os montes: de onde me virá o socorro? O meu socorro vem do Senhor, que fez os céus e a terra...”.

## Revisar a oração

Ao final da sua oração, faça um pequeno silêncio e relembre o que mais tocou seu coração. Houve alguma palavra que ficou? Alguma resistência? Algum consolo ou movimento interior? Apresente isso ao Senhor com liberdade, como um amigo fala a outro amigo.

# Sexta-feira: 19 de dezembro

**"Ó raiz de Jessé, sinal das nações:**
**oh, vinde livrar-nos, e não tardeis mais!"**
**(Cf. Antífonas do Ó)**

Jz 13,2-7.24-25a | Sl 70(71),3-4a.5-6ab.16-17 (R. cf. 8a) | Lc 1,5-25

Hoje e amanhã temos a oportunidade de rezar no Evangelho de Lucas a anunciação dos nascimentos de João Batista e de Jesus Cristo. Lucas tem a preocupação de tecer um paralelo entre eles, mostrando, desde as narrativas da infância, como o Messias ultrapassa o seu precursor.

O anúncio do nascimento de João Batista, texto do Evangelho de hoje, é feito pelo Anjo Gabriel ao pai de João, o sacerdote Zacarias. Vai ocorrer no templo, quando Zacarias fora sorteado para os rituais no Santo dos Santos. O fato de ser uma narrativa muito conhecida por nós nos obriga a uma reverência maior e a um capricho na atenção à Palavra de Deus que estamos contemplando.

## Acolhida e silêncio

Respire profundamente... Inspire pelo nariz... Expire pela boca... Permita-se estar aqui, agora, inteiro(a), presente. Tome consciência de que você está na presença de Deus e marque seu corpo com o sinal da cruz: "Em Nome do Pai e do Filho e do Espírito Santo".

### GRAÇA A PEDIR

Senhor, ao ver realizar-se suas promessas em Jesus, faz-me sentir alegria e confiança na tua Palavra que me chama a seguir o teu Messias como meu caminho de vida.

### EVANGELHO DE JESUS CRISTO SEGUNDO SÃO LUCAS 1,5-25

## Refletir para tirar proveito

Leia o texto do Evangelho sem pressa, deixando que as palavras te façam entrar nos sentimentos dos personagens.

Com o uso da imaginação, veja o Templo com sua suntuosidade. Detenha-se no espaço mais sagrado, no Santo dos Santos. Ali repousa a Arca da Aliança. No altar do templo, Zacarias faz a oferta do incenso, ele, um sacerdote do baixo clero, foi o sorteado para a oferta da vez.

Veja o que faz Zacarias e como é surpreendido por uma visão, uma experiência de Deus. O Anjo do Senhor vem lhe trazer a notícia da gravidez de sua esposa Isabel. O Senhor vem lhe tirar a vergonha de não terem tido filhos e em idade avançada ela concebeu aquele que deverá anunciar a chegada do Messias.

Ouça as palavras, contemple o Anjo com seu anúncio. Zacarias, vacilando e com dificuldade de entender, acaba por incorrer numa manifestação de falta de fé: ficará mudo até que se cumpram as palavras do mensageiro.

Sinta a alegria de Isabel ao receber a notícia da gravidez, mesmo em sua idade avançada. Observe a reação de Zacarias diante da promessa, assim como sua dúvida e seu silêncio.

Pense na incredulidade de Zacarias e em como isso o afetou. Reflita sobre suas próprias dúvidas e dificuldades em acreditar na ação de Deus em sua vida.

Imagine a alegria de Isabel sabendo-se grávida. "Eis o que o Senhor fez por mim, nos dias em que ele se dignou tirar-me da humilhação pública" (Lc 1,25).

## Refletir para tirar proveito

Como a vinda do Messias modifica minha vida? Experimento a alegria de sua chegada como uma mãe se alegra com a chegada de seu Filho, como "uma carta há muito tempo esperada" (Zé Vicente)?

### A direção da vida

Converse com Zacarias e com Isabel, pergunte e faça silêncio para entrar em seus corações. Apesar de mudo, Zacarias conserva no coração a surpresa, a admiração e a alegria do cumprimento da promessa. Guarda no coração o nome "João" que deverá dar a seu filho. Fale dessa promessa e deixe seu coração mover-se no clima da alegria. Fale como essa promessa de Amor também se realiza na sua vida. Abra seu coração. Escute o que o Senhor tem a dizer.

### Silêncio e gratidão

Permaneça em silêncio por alguns instantes. Agradeça por esse encontro. Reze uma oração vocal e se despeça do Senhor com reverência. Reze o Salmo 27(26): "O Senhor é minha luz e salvação...".

## Revisar a oração

Ao final da sua oração, faça um pequeno silêncio e relembre o que mais tocou seu coração. Houve alguma palavra que ficou? Alguma resistência? Algum consolo ou movimento interior? Apresente isso ao Senhor com liberdade, como um amigo fala a outro amigo.

# Sábado: 20 de dezembro

**"Ó chave de Davi, que abre as portas do reino eterno: oh, vinde e livrai do cárcere o preso, sentado nas trevas!"**
**(Cf. Antífonas do Ó)**

Is 7,10-14 | Sl 23(24),1-2.3-4ab.5-6 (R. 7c.10b) | Lc 1,26-38

## REPETIÇÃO INACIANA

"A repetição ajuda a perceber as constantes de Deus" (Pe. Adroaldo Palaoro, *Retiro quaresmal 2015*).

Para não perder o clima da Novena de Natal, reze o Evangelho do dia de hoje, que é a anunciação do Anjo Gabriel a Nossa Senhora, e siga o ritmo dos dias anteriores.

Faça também uma repetição da caminhada desta semana, retomando as anotações que você fez a cada dia, percebendo as graças que Deus lhe concedeu. Para isso, adote os seguintes passos:

Coloque-se na presença de Deus. De joelhos ou sentado(a), escolha a posição que mais favoreça a sua oração. Com atenção, cuidado e reverência, marque o seu corpo com o sinal da cruz, apreciando cada gesto e palavra. Diga interiormente: "Meu Senhor e meu Deus, dá-me a graça de novamente recordar o caminho do seu Espírito ao longo desta semana em minha oração. Para onde me conduz?".

Com o uso da memória, e auxílio das anotações, repasse cada dia da semana percebendo, com carinho, os dias vividos em oração. Houve alguma experiência de consolação ou desolação que tenha se destacado? Se foi intensa, vale a pena revê-la e perceber que movimentos ela reverbera no meu coração.

### Refletir para tirar proveito

O que Deus gravou no seu coração? Por onde o Senhor Jesus esteve presente? Que sinais ele deixou e a que ele te chama? Qual será a sua resposta?

Como um amigo fala a outro amigo, fale com o Senhor sobre esses diversos movimentos espirituais que você vivenciou. Agradeça os frutos deste retiro. Reze por outros que também estão vivendo esta experiência.

Conclua com a oração vocal do pai-nosso ou da ave-maria. Depois faça uma avaliação e a anote no seu diário espiritual.

## Revisar a oração

Ao final da sua oração, faça um pequeno silêncio e relembre o que mais tocou seu coração. Houve alguma palavra que ficou? Alguma resistência? Algum consolo ou movimento interior? Apresente isso ao Senhor com liberdade, como um amigo fala a outro amigo.

# QUARTA SEMANA

## RETIRO DE ADVENTO E NATAL

***Ir. Consolação de Matos, FI***

# Introdução

Esta semana se abre com a promessa de um "sinal", anunciado por Isaías (cf. Is 7,10-14) e termina com o cumprimento da promessa, ou seja: o "sinal" se faz visível a toda criatura. Nos sinais vemos a notícia boa tornando-se realidade e isso nos enche de Esperança alegre, de modo que, reconhecendo o "sinal", cantamos: "eu já escuto os teus sinais!" (*Anunciação*, Alceu Valença).

O Advento é tempo de viver em atitude de abertura para receber o carinho de Deus no Natal. Aceitamos ou não esse carinho? Podemos palpar sua mão misericordiosa, contudo, será que deixamos prolongar os efeitos desse encontro amoroso no dia a dia?

O convite é para experimentar o significado da força criadora da Palavra, desde a Criação até a Encarnação, ao longo da história – Palavra que se torna sustento e companhia renovando nossa esperança. Temos a presença de Maria e José, Isabel e Zacarias, João e Estêvão, que nos "levantam" da fragilidade, pequenez e escassez, restaurando, transformando e levando-nos à âncora da Esperança: a ação de Deus restaura a esperança, a fé e a alegria.

Passemos esta semana com a Mãe da Esperança, aquela que carregou em si a Esperança, a Palavra feito Carne, e "guardou tudo no coração" (Lc 2,19.51) para que pudéssemos crer na Palavra como ela (Lc 1,45). Assim, ela mantém o ritmo de nossa espera.

Preparemos bem cada momento de oração e diante desse mistério insondável, deixemos que ele revolva o "húmus" de nosso coração, para que a Palavra cresça e frutifique ao longo do ano novo.

# Domingo: 21 de dezembro

**"Ó sol nascente justiceiro, resplendor da Luz eterna:
oh, vinde e iluminai os que jazem entre as trevas e
na sombra do pecado e da morte estão sentados."
(Cf. Antífonas do Ó)**

Is 7,10-14 | Sl 23(24),1-2.3-4ab.5-6 (R. 7c.10b) | Rm 1,1-7 | Mt 1,18-24

A notícia boa deste domingo é que Deus veio e vem caminhar com a humanidade, oferecendo uma proposta de vida nova e comunicando de várias maneiras seu plano de amor. Este "Deus-conosco" é Jesus visível, palpável, que anda nas ruas, entre os edifícios de nossas cidades, e entra em nossas casas. Contemplemos a "Noite Escura de José" (BARREIRO, A., SJ, *Acampou no meio de nós*, São Paulo, Loyola) e nela as nossas noites escuras iluminadas pela Palavra.

GRAÇA A PEDIR

Senhor, que eu seja sensível aos seus "sinais", como José, para ser notícia boa no mundo e colaborar com o projeto de Deus.

EVANGELHO DE JESUS CRISTO SEGUNDO SÃO MATEUS 1,18-24

## Imaginar a cena bíblica

Com a ajuda da imaginação entre na cena bíblica, veja José dormindo, ou distraído, ouça seu silêncio e a voz de Deus através do "sonho". Faça companhia a José e sinta sua obediência à interpelação de Deus.

## Refletir para tirar proveito

O profeta Isaías, na "noite do povo de Israel", capaz de conectar-se com Deus dentro de sua realidade, percebe os "sinais" de Deus, que não abandona seu Povo, e percorre com ele o caminho da história. Renova a nossa Esperança deixando a Palavra cair de sua boca.

A Santíssima Trindade contempla a "noite do mundo", se compadece e decide "descer para salvá-lo" (Ex 3,8). Também nós podemos encher-nos desse desejo de "redenção do gênero humano" (EE, n. 102), tocando as entranhas de misericórdia da Trindade

O "justo e obediente" José (Mt 1,19.24), fiel à lei, é parceiro de Deus no cumprimento de seu plano. Jesus é a encarnação viva desse "Deus-conosco", que vem ao nosso encontro carregado por uma menina, trazendo um projeto de "vida nele". E é ao humilde artesão a quem Deus recorre para auxiliá-lo, pois é certo que José passou pela experiência da "noite escura": angústia, provação, dúvida, sofrimento ante o silêncio de Deus. Mas uma notícia boa no meio da noite – a Palavra ilumina-o e levanta-o! "Enquanto dorme a semente cresce" (Mc 4,27), pois o "guardião de Israel não dorme nem cochila" (Sl 121(120),3-4).

Esse Deus que tudo pode é também um Deus Sinodal e conta com nossa participação nos seus projetos. "Minha vontade é conquistar toda a terra, quem quiser vir comigo, deve trabalhar comigo de dia e velar de noite etc. para que tenha parte comigo na vitória..." (EE, n. 93). Eis o convite: acolher a Palavra-proposta e deixar-se transformar.

## Revisar a oração

Em que ou em quem coloco a minha confiança e esperança? Até onde sou disponível para colaborar com Deus? Quais são minhas "noites escuras" e quais sinais me revelam a comunicação de Deus?

# Segunda-feira: 22 de dezembro

**"Ó Rei das nações. Desejado dos povos; ó Pedra angular, que os opostos unis: oh, vinde e salvai este homem tão frágil, que um dia criastes do barro da terra!" (Cf. Antífonas do Ó)**

1Sm 1,24-28 | Cânt.: 1Sm 2,1.4-5.6-7.8abcd (R. 1a) | Lc 1,46-56

A notícia boa de hoje é a de que duas mulheres-mães rendem ação de graças a Deus: Ana e Maria nos ensinam que Deus Pai sempre cumpre o que promete e que é a Deus que devem ser dirigidos todo o louvor e toda a glória.

GRAÇA A PEDIR

Senhor, que as palavras de louvor e de libertação cantadas por Maria penetrem o meu coração e produzam frutos de conversão (BARREIRO, A., SJ, *Acampou no meio de nós*, 63).

EVANGELHO DE JESUS CRISTO SEGUNDO SÃO LUCAS 1,46-56

## Imaginar a cena bíblica

Veja Maria saindo de Nazaré e indo ao encontro de Isabel em Ain-Karim. Caminhe com Maria, ouvindo as vozes e vendo as pessoas, a paisagem, a casa de Isabel. Entre na cena, veja o encontro das duas mulheres, sinta a alegria deste encontro e ouça o canto de louvor a Deus. Traga à memória os seus encontros e lugares que dão alegria.

## Refletir para tirar proveito

Como Isabel, Ana sofria a humilhação por não ser mãe: ela então pediu a Deus e lhe foi concedido o seu pedido. Por isso, ela vai ao templo agradecer o dom da maternidade, levando alguns dons e o filho, Samuel. O nascimento por obra de Deus de um filho de uma mulher estéril é sinal de uma vocação especial. Depois do sacrifício de ação de graças e de louvor ao Senhor, ela apresenta o filho ao sacerdote Eli, dizendo: "Eis o menino por quem rezei.... Agora, o ofereço ao Senhor, a fim de que só a ele sirva todos os dias da sua vida" (1Sm 1,27-28). "Os dons que me deste, com gratidão vos devolvo" (EE, n. 234).

Maria, jovem e celibatária, grávida antes do matrimônio, portadora de uma vida maior que ela mesma e conhecedora do mistério que crescia dentro de si, sentiu não apenas alegria, mas também dúvidas.

> Graças a Isabel, Maria olha a partir de uma nova perspectiva o bem que Deus lhe fez. Suas dúvidas e medos se transformaram em alegria, e pode expressá-lo abertamente (LÓPEZ VILLANUEVA, M., RSCJ, *Ungidas*, Petrópolis, Vozes).

Ana cantou e agora Maria canta a Palavra que explode carregada de história e convicção que só o amor é capaz de compreender.

O *Magnificat* é uma das mais belas orações do Novo Testamento. É o cântico dos pobres, simples e humildes, sempre prontos a acolher e a admirar-se com as iniciativas de Deus. Assim, Maria dá glória a Deus pelas maravilhas realizadas na sua humilde vida e exalta a misericórdia dele pelos critérios extraordinários com que confundem as situações humanas por seis verbos: "Manifestou, dispersou, derrubou, exaltou, despediu, acolheu", que refletem o modo de agir de Deus em favor dos últimos e dos carenciados (Lc 1,50-53). Por fim, recorda o cumprimento das promessas de Deus, feitas aos Pais (Lc 1,54-55). Deus realiza sempre grandes coisas na história dos homens, mas apenas se serve daqueles que se fazem pequenos e querem servi-lo com fidelidade, no escondimento e no silêncio adorante.

Quem se sente criatura amada e com um projeto, "criada para louvar, reverenciar e servir" (EE, n. 23), abre os lábios e o coração para "louvar", que quer dizer, extasiar-se – "sair de si" – na ação de graças diante do ser que nos dá o ser, que nos faz ser (cf. MELLONI, J., *A mistagogia do Exercícios Espirituais de Santo Inácio*, São Paulo, Loyola).

Chegando à celebração do Natal, como Maria, somos convidados, a partilhar a ternura do Senhor, confiando nossos projetos e nossa vida àquele que nos amou por primeiro e que quer o nosso bem.

## Revisar a oração

Percebo que Deus faz maravilhas também em mim, em nós? Quais sinais me revelam a presença amorosa de Deus? Eu me alegro com a alegria dos outros?

# Terça-feira: 23 de dezembro

**"Ó Emanuel: Deus conosco, nosso Rei Legislador, Esperança das nações e dos povos Salvador: vinde enfim para salvar-nos, ó Senhor e nosso Deus!" (Cf. Antífonas do Ó)**

Ml 3,1-4.23-24 | Sl 24(25),4-5ab.8-9.10.14 (R. Lc 21,28) | Lc 1,57-66

A notícia boa de hoje é o profeta nos lembrando a importância de nos preparar para o Natal. Conforme os costumes de cada lugar e época, precisamos realmente de uma purificação para acolhermos o Senhor. Jesus não é um boneco para brincar, um bebê *reborn*, "renascido". É o Filho de Deus, que havemos de receber em atitude de adoração. Se o nascimento de João encheu os vizinhos de temor (Lc 1,65), o que dizer do nascimento de Jesus?

GRAÇA A PEDIR

Senhor, quero estar presente em ti e experimentar tua misericórdia.

EVANGELHO DE JESUS CRISTO SEGUNDO SÃO LUCAS 1,57-66

## Imaginar a cena bíblica

Entre na casa de Isabel e Zacarias usando os sentidos: veja o casal se comunicando através de gestos e observe como Maria serve a Isabel. Veja a parteira que chega para acolher o menino que nasce e note como os vizinhos reagem a esse acontecimento... Ouça inclusive o que dizem, o choro do recém-nascido, a escolha do nome e a confirmação pelo pai.

## Refletir para tirar proveito

O nascimento de João apresenta-se como acontecimento maravilhoso: idosa, estéril e mãe; o nome inesperado; a fala recuperada. A maternidade da anciã e o parto feliz foram um ato da "misericórdia" de Deus. O nome João significa "Deus é cheio de graça", "agraciado por Deus" ou "a graça e misericórdia de Deus". Quando tudo se cumpriu, aquele que ficou mudo recupera a fala para dar graças e profetizar: "a mão do Senhor o acompanhava" (Lc 1,66).

> À luz do encontro entre Maria e Isabel, tomamos consciência do entrelaçamento de relações que formam nossas vidas. É um tempo para orar pelas relações, para identificar as que necessitamos continuar cuidando e aquelas que se perderam e desejamos reparar. Também para agradecer as relações que nutrem a nossa vida. Fazer a colheita para ofertar, recolher pequenos gestos de carinho, escuta, de confiança, de paciência... que tiveram conosco (LÓPEZ VILLANUEVA, M., RSCJ, *Ungidas*).

A mão do Senhor nos acompanha. Em todas as épocas, Deus envia mensageiros, como Elias e João Batista, e é por meio dos mensageiros que ele quer guiar a humanidade. Não têm faltado sinais concretos da sua Palavra por meio de pessoas como João XXIII, Teresa de Calcutá, João Paulo II, ou de eventos como o Vaticano II. Essas pessoas e eventos erguem "antenas" que nos permitem vislumbrar um mundo novo, mas sem ceder a nostalgias do passado ou a sonhos de futuro, que são fugas da realidade.

O silêncio nos ajuda a ver a misericórdia de Deus na história e no coração de cada criatura, ele também nos permite sentir a presença de Cristo que ilumina e guia o nosso caminho. A mão do Senhor nos acompanha. Há que deixar-se conduzir!

## Revisar a oração

Como você experimenta a mão do Senhor acompanhando-lhe?

# Quarta-feira: 24 de dezembro

**"Ó Sabedoria, que saístes da boca do Altíssimo, atingindo de uma a outra extremidade e tudo dispondo com força e suavidade; vinde ensinar-nos o caminho da prudência!"**
**(Cf. Antífonas do Ó)**

Is 62,1-5 | Sl 88(89),4-5.16-17.27.29 (R. 2a) |
At 13,16-17.22-25 | Mt 1,1-25 (leituras da missa da Vigília)

A notícia boa desta Vigília de Natal é que Deus nos ama com um Amor juvenil, com vigor e força capaz de ser uma novidade inesgotável. "A *Dabar* se faz gente e veio morar entre nós" – *Dabar* é o termo hebraico que os gregos chamarão de *Logos*, que os latinos chamarão de *Verbum* e que nós, em português, dizemos *Palavra*. Esta Palavra tem poder criativo, é capaz de gerar a partir do nada e se fez carne, se fez humano, ou seja, o Filho de Deus se fez frágil e, por isso, conta com a ajuda de uma jovenzinha, Maria. Esse Deus, Humano-Divino, tem uma história, uma identidade, um nome carregado de significado.

GRAÇA A PEDIR

Senhor, aqui estou, me faça dócil à sua Palavra, como Maria e José.

EVANGELHO DE JESUS CRISTO SEGUNDO SÃO MATEUS 1,1-25

## Imaginar a cena bíblica

Vá a Nazaré e aquiete-se aí, diante de Maria e de José. Observe a aparência exterior e o seu interior... Olhe nos olhos de Maria, capte seus sentimentos, seus sonhos, tal como o de tantas jovens de seu tempo e de nosso tempo. Note seu modo de relacionar-se com Deus e com a realidade de seu povo e pergunte a ela sobre seu compromisso com José: o que a levou a aceitar ajudar no plano de Deus? Converse com José. Pergunte-se se esse casal imagina as consequências da parceria com Deus.

## Refletir para tirar proveito

Davi, um simples pastor de ovelhas, foi tirado por Deus dos currais e feito Rei. Homem segundo o coração de Deus, alcançou condições para a construção do Templo para o Senhor, e é de sua descendência que surgirá o Salvador.

Com Maria e José se cumpre a promessa feita a Davi. Mas, percebemos que Deus quer mais que um templo de pedras e tijolos. O *magis* da encarnação do Verbo de Deus é o Templo-Humano, o Templo-Universo, a natureza: do céu ao ventre de Maria; do ventre de Maria ao cocho dos animais, ele habita toda a criação. Do presépio à mesa da eucaristia; do altar ao coração de cada irmão e irmã com que nos deparamos, ali está Deus. Que Mistério insondável! Daí compreendemos que não poderia haver outra interpretação para o nome de "Jesus", que é: "fazer salvação" ou "Salvador".

Em Jesus, chamado "Filho de Davi" (Lc 1,1), o reino de Davi durará para sempre, pois aqui estamos nós, perpetuando a promessa.

> Também nós somos chamados a colaborar com o plano salvífico de Deus, a desempenhar um papel que ele nos confia na história da salvação; somos chamados a cuidar e proteger o próprio Cristo presente naqueles com os quais se identifica: os mais fracos, abandonados ou afastados de Deus. Nossa colaboração é necessária para que Jesus, o Salvador, realize a salvação do seu povo (BARREIRO, A., SJ, *Acampou no meio de nós*, 82-83).

## Revisar a oração

Que lugar a Mãe de Jesus tem na sua vida? O que falta para me comprometer com as "propostas de salvação" que Deus me faz? O que experimentei na companhia de Maria neste tempo de oração?

# Quinta-feira: 25 de dezembro

## Natal de Nosso Senhor Jesus Cristo

**"A luz resplandece nas trevas..." (Jo 1,5)**

Is 52,7-10 | Sl 97(98),1.2-3ab.3cd-4.5-6 (R.3cd) | Hb 1,1-6 |
Jo 1,1-18 (leituras da missa da aurora)

A notícia boa deste grande dia é que o reinado do Senhor é universal, é um reinado de paz, pois o Senhor é a verdadeira consolação para todos. Ele chega, podemos vê-lo e tocá-lo. É mais que uma criança, é o reflexo da glória daquele que tudo criou e nele está a harmonia do céu e da terra.

GRAÇA A PEDIR

Senhor, que eu experimente o encontro com Jesus
e me deixe iluminar por sua Luz.

EVANGELHO DE JESUS CRISTO SEGUNDO SÃO JOÃO 1,1-18

### Imaginar a cena bíblica

Com os olhos da imaginação, veja a luz da Santíssima Trindade pairando sobre o universo, sobre si, sua comunidade e sua família. Note sua ação recriadora renovando todas as coisas, de modo que tudo vai sendo transformado – a beleza dos horizontes sem fim e dos abismos sem fundo do mistério de nossa vida enraizada no amor de Deus vai ganhando novas cores e formas, novas atitudes, comportamentos – e você vai se unindo ao louvor e adoração das multidões de pessoas e criaturas, meditando e contemplando o Verbo eterno de Deus na comunhão trinitária. Veja que tudo vem de Deus, vive nele e volta para ele (EE, n. 37). Perceba os sons desagradáveis sendo transformados em lindas melodias e todas coisas voltando-se para o Verbo encarnado em atitude de acolhimento. Saboreie a presença.

## Refletir para tirar proveito

O Verbo, "a luz verdadeira que ilumina todo homem que vem ao mundo" (Jo 1,9), pode ser recebido ou não. As palavras e ações de Jesus foram acolhidas por alguns e rejeitadas por outros, que se fecharam nas trevas do egoísmo. As trevas não conseguiram, porém, "vencer" a luz. A luz do Verbo procede de sua divindade, ao contrário das luzes dos ídolos, que são deuses falsos.

"E acampou no meio de nós" (Jo 1,14). O Deus da fé de Israel, e mais ainda, o Deus da fé cristã, não é simplesmente o Deus da Palavra. É o Deus da Presença. A Palavra por quem foram feitas todas as coisas passou a viver na tenda de carne, é Jesus de Nazaré. Nela brilhou para sempre a glória de Deus. A morada de Deus no meio dos seres humanos não está vinculada a um lugar sagrado.

Na expressão "e nós vimos a sua glória" (Jo 1,14), são afirmadas a humanidade e a divindade de Jesus Cristo. Na encarnação do Verbo, a glória de Deus não se manifestou causando temor e tremor, mas manifestou-se nas palavras e ações, nos seus gestos de bondade, de ternura e de compaixão de Jesus de Nazaré.

E nós? A grandeza do ser humano não consiste em glorificar a si mesmo, mas em deixar-se vivificar e iluminar por aquele que é a vida e a luz. Ele nos mostrará o caminho a percorrer para que não nos extraviemos e possamos viver a vida em plenitude (cf. BARREIRO, A., SJ, *Vimos a sua glória*, São Paulo, Paulinas).

## Revisar a oração

Nas minhas ações, no apostolado, no serviço aos outros, procuro a glória de Deus ou a minha glória?

# Sexta-feira: 26 de dezembro

## Santo Estêvão, protomártir

**"Não se preocupem com o que vão falar, o Espírito do Pai falará por vocês." (Mt 10,20)**

At 6,8-10.7,54-59 | Sl 30(31),3cd-4.6.8ab.16bc.17 (R. 6a) | Mt 10,17-22

No contexto da oitava de Natal, a notícia boa de hoje é que um mártir dos primeiros tempos da Igreja, Estêvão, é exemplo de alguém que "reconheceu e acolheu a luz verdadeira que ilumina todo homem" (Jo 1,9-11) e "contemplou a sua glória" (Jo 1,14b; At 7,55) no recém-nascido entre as palhas do curral de Belém e na cruz do calvário em Jerusalém, de tal forma que, no momento do testemunho, transparentou essa glória (At 6,15).

GRAÇA A PEDIR

Senhor, que eu conheça por dentro este Menino e a verdadeira vida que ele me oferece.

EVANGELHO DE JESUS CRISTO SEGUNDO SÃO MATEUS 10,17-22

### Imaginar a cena bíblica

Usando os sentidos, veja, toque, ouça e cheire. Fique diante do presépio saboreando a doçura e mansidão descida do céu para habitar no meio de nós e em nós. Passe pela memória as tantas pessoas que, como Estêvão, deixaram-se seduzir por esse amor incondicional do Pai e foram até às últimas consequências – tantos do nosso tempo se arriscam em lugares e situações de perseguições. Observando o Menino Jesus, se pergunte: "O que tenho feito? O que faço? E o que devo fazer por este Jesus?" (EE, n. 53).

## Refletir para tirar proveito

A Palavra faz a comunidade-Igreja e a Igreja faz a Palavra. Pela Palavra, surge a criação; pela Palavra, Deus desce até nós; pela Palavra, Jesus forma a comunidade e a envia. A comunidade, movida pelo Espírito, perpetua a Palavra semeada em "terra boa, e rendem cem, sessenta e trinta frutos por um" (Mt 13,9). Na comunidade, Estêvão bebeu dessa água e foi saciado, ao ponto de não temer nada.

> Estêvão representa os marginais que entenderam que Jesus abria o judaísmo para todos os homens de boa vontade. O sistema judaico reagiu. O linchamento de Estêvão teria sido feito por agitadores pagos pelas autoridades do templo. É levado ao martírio, por pregar o "nome de Jesus", por fazer toda uma catequese, recordando a história da salvação desde Abraão.
>
> Somos uma Igreja que nasceu do sangue dos Mártires. Devemos muito às primeiras testemunhas de Jesus Cristo. Ser cristão nessa época implicava correr risco todos os dias. Não procuravam o martírio, mas todos os seguidores de Cristo sabiam que a condição para seguir o Mestre era ir até o fim com a entrega da vida todos os dias (TONETE, E., FSP, *Deus desce*, São Paulo, Paulinas).

Na pessoa do Verbo encarnado – Menino Deus –, a Santíssima Trindade desce, torna possível nossa participação nessa "Comunidade Santa", e ele mesmo nos convida a fazer parte dela mantendo aceso o fogo da esperança nesse mundo.

## Revisar a oração

O que você é capaz de fazer por um bebê?

________________________________________

________________________________________

________________________________________

________________________________________

# Sábado: 27 de dezembro

## São João, Apóstolo e Evangelista

**"Entrou também o discípulo que havia chegado primeiro ao Sepulcro. Viu e creu." (Jo 20,8)**

1Jo 1,1-4 | Sl 96(97),1-2.5-6.11-12 (R. 12a) | Jo 20,2-8

## REPETIÇÃO INACIANA

A notícia boa de hoje é a Palavra que abre os olhos e faz ver. Os pastores e os magos foram a Belém, contemplaram a glória de Deus e "radiantes de alegria" "voltaram glorificando e louvando a Deus pelo que ouviram e viram" (Mt 2,10; Lc 2,20); Maria Madalena, Pedro e João correram – ela para avisá-los da falta do corpo de Jesus; eles, para ver o que podia ter havido. Pedro entrou primeiro no sepulcro; João, depois. E ali "viram [a glória] e creram" (Jo 20,8b).

Neste sábado da oitava de Natal, o convite é rever o caminho feito durante a semana que passou. Como Peregrino(a) da Esperança, certamente houve altos e baixos durante a peregrinação rumo à celebração do Natal. Deixemos que a Palavra abra nossos olhos para ver as marcas de Deus desta semana. Façamos a repetição inaciana.

### Repetição da semana com o diário espiritual

Encontre um lugar tranquilo. Sente-se confortavelmente. Feche os olhos, se desejar.

### Preparação

Respire profunda e suavemente. Permita-se entrar em silêncio por dentro e por fora.

Tome consciência de que se está na presença do Senhor. Ele está aqui. Com você. Para você.

Faça o sinal da cruz, com reverência e atenção.

## Oração preparatória

"Senhor, que todas as minhas intenções, ações e operações sejam ordenadas puramente ao serviço e louvor de sua Divina Majestade" (EE, n. 46)

Faça uma pausa.

## Releitura: abrir seu diário espiritual

Leia novamente as anotações desde o domingo, dia 21, prestando atenção nos versículos que tocaram seu coração ou naqueles que causaram resistência.

Contemple novamente esses pontos. Se não sentir o mesmo gosto espiritual, permaneça em fé, paz e silêncio diante da Palavra. Se sentir gosto espiritual, permaneça aí. Saboreie. Acolha.

## Memória e reflexão. Voltar à memória

O que você sentiu nessa oração? Houve pensamentos, apelos, luzes? Algo te interrogou? Ou te desinstalou?

## Agradecer o que recebeu, tudo o que foi dom e graça

Renovar o compromisso com a Palavra diária, para seguir a Peregrinação da Esperança.

# QUINTA SEMANA

## RETIRO DE ADVENTO E NATAL

*Maria Eliane Gomes*

# Introdução

A jornada da fé cristã, desde as profecias mais antigas até o cumprimento da promessa em Jesus Cristo, é um tecido riquíssimo de eventos e revelações. Os Evangelhos, em sua sabedoria divina, nos presenteiam com relatos que se entrelaçam para pintar um quadro completo do advento do Salvador. Desde o prólogo eterno, que revela a divindade de Jesus e sua luz que ilumina as trevas, passando pelo testemunho de João Batista, a voz que clama no deserto e prepara o caminho, até o nascimento humilde em Belém, o reconhecimento pelos pastores e a apresentação no Templo. A vida de Jesus, desde seus primeiros dias, é marcada por sinais e pelos desígnios divinos, como a fuga para o Egito a fim de escapar da perseguição e o retorno à Galileia, estabelecendo o cenário para o seu ministério.

Mergulhemos nestas passagens que nos convidam a contemplar o mistério da encarnação e o início da missão daquele que tira o pecado do mundo.

# Domingo: 28 de dezembro

## Sagrada Família de Jesus, Maria e José

**"José tomou o menino e sua Mãe e foram morar na cidade chamada Nazaré." (Mt 2,21-23)**

Eclo 3,3-7.14-17a | Sl 127(128), 1-2.3.4-5 (R. cf.1) | Cl 3,12-21 | Mt 2,13-15.19-23

**GRAÇA A PEDIR**

Senhor, dê-me a graça da confiança e da obediência para realizar tua vontade em minha vida.

EVANGELHO DE JESUS CRISTO SEGUNDO SÃO MATEUS 2,13-15.19-23

### Imaginar a cena bíblica

Coloque-se diante de Deus. Respire profundamente e solte o ar. Repita esse exercício até se sentir tranquilo(a). Faça a oração preparatória: "Senhor e Criador, que os meus sentimentos, desejos e ações estejam ordenados somente para ti".

Leia o texto bíblico bem devagar, prestando atenção em cada palavra e frase. Faça o pedido da graça.

Imagine agora o local onde José, Maria e o Menino dormem. Imagine a comunicação de Deus com José através do sonho e perceba como ele acorda assustado. Faça a ele companhia.

Observe como ele acorda Maria e como conversam sobre o aviso dado em sonho. Como ela reage? O que diz? Como decidem sair na mesma noite?

Aproxime-se, ofereça ajuda para arrumar o que devem levar na viagem. Converse com eles e se deixe afetar por tudo isso. Estabeleça um diálogo com os dois.

Permaneça em silêncio por alguns instantes. Agradeça por esse encontro, reze uma oração vocal e se despeça.

## Refletir para tirar proveito

A Providência Divina e a obediência humana: o texto é um testemunho claro da providência de Deus que guia e protege a Sagrada Família através de sonhos e mensagens angelicais. José é o modelo de obediência à vontade de Deus, agindo sem hesitação diante das instruções divinas. Sua fé silenciosa e sua prontidão para agir são exemplos inspiradores.

O cumprimento das Escrituras: Mateus, ao longo de seu Evangelho, tem um interesse particular em mostrar como a vida de Jesus cumpre as profecias do Antigo Testamento. Essa ênfase valida Jesus como o Messias esperado e conecta sua história à história de salvação do povo de Deus.

A vulnerabilidade do Messias: a narrativa não esconde a vulnerabilidade de Jesus em sua infância, sujeito às ameaças humanas. Isso sublinha sua plena humanidade e a necessidade da proteção divina para que o plano de salvação se concretize.

A Sagrada Família como modelo: as experiências da Sagrada Família – a fuga, o exílio, o retorno e o assentamento em um lugar desconhecido – podem ser vistas como um modelo para as famílias de todos os tempos. Elas ensinam sobre a confiança em Deus, a perseverança diante das adversidades e a importância de seguir a orientação divina.

O contraste entre poder divino e terreno: há um claro contraste entre a fúria e o poder limitado de Herodes, que tenta frustrar os planos de Deus, e a soberania e o poder protetor de Deus, que garante a segurança de Jesus e o cumprimento de seu propósito.

## Revisar a oração

Terminada a oração, é hora de revisar o encontro com o Senhor e buscar compreender o que mais tocou, que Palavra ou frase mais chamou a atenção e anotar tudo em seu diário espiritual.

Para tal, pode-se perguntar: o que rezei? O que senti? Qual o apelo de Deus para mim? Qual foi a minha resposta?

# Segunda-feira: 29 de dezembro

## 5º Dia na Oitava de Natal

**"Meus olhos contemplaram a tua salvação!" (Lc 2,30)**

1Jo 2,3-11 | Sl 95(96),1-2a.2b-3.5b-6 (R. 11a) | Lc 2,22-35

GRAÇA A PEDIR

Senhor conceda-me a graça de contemplar a humildade e a obediência de Jesus e de sua família e de acolher a luz e a contradição que Jesus representa em minha vida.

EVANGELHO DE JESUS CRISTO SEGUNDO SÃO LUCAS 2,22-35

### Imaginar a cena bíblica

Coloque-se diante de Deus. Respire profundamente e solte o ar. Repita esse exercício até se sentir tranquilo(a). Faça a oração preparatória: "Senhor e Criador, que os meus sentimentos, desejos e ações estejam ordenados somente para ti".

Leia o texto bíblico bem devagar, prestando atenção em cada palavra e frase. Faça o pedido da graça.

Com os olhos da imaginação, veja o Templo de Jerusalém, você se encontra dentro dele. Perceba Maria e José entrando com o Menino. Veja agora o encontro com Simeão.

Observe nas feições de todos os presentes as surpresas que povoam o ambiente. Aproxime-se e escute o que diz Simeão. Mais uma vez perceba a reação dos pais de Jesus. Observe o silêncio de Maria.

Pare por um tempo na cena e verifique o que você sente. Converse com eles sobre esses acontecimentos, pergunte como eles se sentem. Converse também com Simeão sobre o que ele sente e se deixe afetar por tudo isso.

Contemple o Menino Jesus pobre, humilde e obediente. Junte-se a Simeão no louvor a Deus, anunciando a todos o nosso encontro com o Menino que veio trazer a salvação para todos. Todos.

Agradeça por esse encontro. Reze uma oração vocal e se despeça do Menino com reverência.

## Refletir para tirar proveito

No Templo, eles encontram Simeão, um homem descrito como justo e piedoso, que esperava a "consolação de Israel", o Messias (Lc 2,25). O Espírito Santo estava sobre ele e lhe havia revelado que não morreria antes de ver o Cristo do Senhor. Movido pelo Espírito, Simeão vai ao Templo no momento exato em que Maria e José chegam com Jesus.

"Luz para iluminar as nações e glória do teu povo Israel" (Lc 2,32). Esta parte da profecia é crucial. Jesus não é apenas a salvação para Israel, mas uma "luz para iluminar as nações", os gentios, revelando a universalidade da missão de Cristo. Ele é a glória de Israel, mas sua luz se estende a todos os povos.

"Eis que este é posto para queda e elevação de muitos em Israel, e para sinal de contradição" (Lc 2,34): Jesus provocará uma divisão. Ele será um ponto de decisão: alguns o aceitarão e serão elevados, salvos, enquanto outros o rejeitarão e cairão condenados. Ele será um "sinal de contradição", ou seja, alguém que será contestado, que gerará oposição e conflito. Sua mensagem e sua pessoa forçarão as pessoas a tomarem uma posição.

"E uma espada traspassará a tua própria alma" (Lc 2,35). Esta é uma profecia direta a Maria, anunciando a intensa dor e sofrimento que ela experimentaria ao longo da vida de Jesus, especialmente na Paixão e Morte de seu Filho. É uma antecipação da *via crucis* de Maria, uma dor que não seria física, mas que atingiria sua alma mais profunda.

Obediência à Lei: a apresentação de Jesus no Templo demonstra a fidelidade da Sagrada Família às tradições e leis judaicas. Jesus, desde o início de sua vida, vive sob a Lei, cumprindo-a, antes de vir para aperfeiçoá-la.

Reconhecimento do Messias: Simeão e, em seguida, Ana (mencionada nos versículos seguintes, cf. Lc 2,36-38), representam os remanescentes fiéis de Israel, que, cheios do Espírito, são capazes de reconhecer o Messias mesmo em sua humildade. Eles são os verdadeiros "pobres de Yahweh", cuja fé e expectativa são recompensadas.

Paz e expectativa: Simeão, ao ver o Messias, encontra a paz e a realização de sua vida. Sua canção de louvor é um testemunho da alegria e da satisfação que vêm de viver na expectativa de Deus e de ver suas promessas cumpridas.

Esta passagem, portanto, não é apenas um relato histórico, mas uma profunda declaração teológica sobre a identidade de Jesus, o alcance de sua salvação e o destino de sofrimento e glória que o aguarda, e que sua mãe compartilhará. Ela nos convida a considerar qual é a nossa própria reação a esse "sinal de contradição" que é Jesus Cristo.

## Revisar a oração

Terminada a oração, é hora de revisar o encontro com o Senhor e buscar compreender o que mais tocou, que Palavra ou frase mais chamou a atenção e anotar tudo em seu diário espiritual.

Para tal, pode-se perguntar: o que rezei? O que senti? Qual o apelo de Deus para mim? Qual foi a minha resposta?

# Terça-feira: 30 de dezembro

## 6º Dia na Oitava de Natal

**"O menino ia crescendo e se desenvolvendo e estava cheio de sabedoria." (Lc 2,40)**

1Jo 2,12-17 | Sl 95(96),7-8a.8b-9.10 (R. 11a) | Lc 2,36-40

GRAÇA A PEDIR

Senhor, dê-me a graça da perseverança na fé, mesmo diante das dificuldades, e coragem para testemunhar a Jesus aos outros, como Ana fez.

EVANGELHO DE JESUS CRISTO SEGUNDO SÃO LUCAS 2,36-40

### Imaginar a cena bíblica

Coloque-se diante de Deus. Respire profundamente e solte o ar. Repita esse exercício até se sentir tranquilo(a). Faça a oração preparatória: "Senhor e Criador, que os meus sentimentos, desejos e ações estejam ordenados somente para ti".

Leia o texto bíblico bem devagar, prestando atenção em cada palavra e frase. Faça o pedido da graça.

Com os olhos da imaginação, veja o Templo de Jerusalém, preste atenção nos detalhes da arquitetura, nas pessoas que estão presentes, em José, em Maria, no Menino. Observe também Ana, mulher, idosa, profetisa, viúva, serva de Deus no templo com jejuns e orações. Veja como ela reconhece no menino o Messias e como ela fala de Jesus. Ela não guarda a notícia para si, mas a proclama. Pare por um tempo na cena e reflita sobre você.

Agradeça a Ana por ser um exemplo de fé.

Como você consegue reconhecer a presença de Deus em seu dia a dia, mesmo nas coisas pequenas? Converse com Deus sobre o que o texto despertou em você. Peça a Deus a graça da perseverança na fé, mesmo diante das dificuldades e da coragem para testemunhar a Jesus aos outros, como Ana fez. Termine com uma oração agradecendo a Deus pela sua Palavra e pedindo que o ajude a viver a sua vontade.

## Refletir para tirar proveito

Sua idade e devoção: Ana é "muito avançada em dias" (Lc 2,36). Lucas detalha sua história: casou-se jovem, ficou viúva após sete anos de casamento e, a partir daí, permaneceu viúva até aquela idade avançada de 84 anos. Sua devoção era extraordinária: "não se afastava do Templo, servindo a Deus com jejuns e orações, noite e dia" (Lc 2,37). Ana personifica a piedade judaica mais profunda, uma vida inteiramente dedicada à adoração e à espera do Messias.

O reconhecimento do Messias: Ana, assim como Simeão, representa os "restos fiéis" de Israel, aqueles que viviam em profunda piedade e que, por meio do Espírito Santo, são capazes de discernir a chegada do Messias. Eles são modelos de espera ativa e vigilante.

A vida de Ana no Templo, dedicada ao jejum, à oração e ao serviço a Deus, ilustra a profunda espiritualidade que existia em Israel e que preparou o caminho para a vinda de Cristo. Ela e Simeão são testemunhas da continuidade entre o Antigo e o Novo Testamento.

O desenvolvimento humano e divino de Jesus: os versículos finais (Lc 2,39-40) afirmam a plena humanidade de Jesus, que cresce e se desenvolve como qualquer criança, mas também destacam sua condição divina e sua singularidade ao afirmar que ele "se fortalecia em espírito, cheio de sabedoria" e que "a graça de Deus estava sobre ele". Isso sugere um desenvolvimento em perfeita harmonia com sua natureza divina, preparando-o para sua missão.

A vida oculta de Jesus: após os eventos do nascimento e da apresentação, Lucas rapidamente nos leva a Nazaré, sinalizando o longo período da "vida oculta" de Jesus, que será vivida na simplicidade de uma família comum e em preparação silenciosa para sua missão pública.

## Revisar a oração

Terminada a oração, é hora de revisar o encontro com o Senhor e buscar compreender o que mais tocou, que Palavra ou frase mais chamou a atenção e anotar tudo em seu diário espiritual.

Para tal, pode-se perguntar: o que rezei? O que senti? Qual o apelo de Deus para mim? Qual a minha resposta?

# Quarta-feira: 31 de dezembro

## 7º Dia na Oitava de Natal

**"No princípio era o Verbo." (Jo 1,1)**

1Jo 2,18-21 | Sl 95(96),1-2.11-12.13 (R. 11a) | Jo 1,1-18

**GRAÇA A PEDIR**

Senhor, concedei-me a graça de conhecer-vos mais profundamente como Verbo eterno, Luz e Vida que se fez carne por amor a mim.

EVANGELHO DE JESUS CRISTO SEGUNDO SÃO JOÃO 1,1-18

### Imaginar a cena bíblica

Encontre um local tranquilo onde você não será interrompido(a). Sente-se confortavelmente, feche os olhos por um momento e respire profundamente, acalmando seu corpo e sua mente.

Lembre-se de que Deus está presente aqui e agora, em você e ao seu redor. Ele deseja se comunicar com você.

Peça a Deus a graça de que todos os seus pensamentos, palavras e ações sejam puramente ordenados ao seu serviço e louvor.

Leia o texto do Evangelho lentamente, talvez duas ou três vezes, saboreando cada palavra.

Imagine-se "no princípio" (Jo 1,1), antes de tudo o que conhecemos. Não há tempo, espaço ou matéria. Apenas Deus. E com Deus, o Verbo.

Contemple a relação íntima e eterna entre o Verbo e Deus: "o Verbo estava com Deus". Tente sentir essa comunhão perfeita.

A divindade do Verbo: "e o Verbo era Deus". Permita que essa verdade penetre em você. Quem é este Verbo?

O poder criador do Verbo: "Todas as coisas foram feitas por ele, e sem ele nada do que foi feito se fez" (Jo 1,3). Olhe mentalmente ao seu redor, imagine a criação: as estrelas, as montanhas, as árvores, os animais, você mesmo. Tudo existe por meio de Deus. Sinta a grandeza e a beleza dessa obra.

A vida e a luz que emanam do Verbo: "Nele estava a vida, e a vida era a luz dos homens" (Jo 1,4). Onde você percebe essa vida e essa luz em sua própria existência?

A luz que brilha nas trevas: "E a luz resplandece nas trevas, e as trevas não a compreenderam" (Jo 1,5). Onde você vê as trevas em sua vida e no mundo? Como a luz de Cristo continua a brilhar, mesmo diante delas?

Pare por um longo período de tempo diante desse mistério. Deixe-se envolver por ele.

Faça um colóquio com Deus Pai e com o Verbo Eterno, Jesus. Peça a graça de reconhecer Jesus como o Verbo Eterno, divino e criador, e de ser inundado por sua luz e vida. Pense em uma pequena ação ou atitude que você possa levar para o seu dia a dia, como fruto desta contemplação. Pode ser um desejo de acolher mais a luz de Cristo, de testemunhar sua presença ou de viver mais conscientemente como filho(a) de Deus. Termine com uma oração de agradecimento, como o pai-nosso ou uma oração espontânea.

## Refletir para tirar proveito

"No princípio era o Verbo, e o Verbo estava com Deus, e o Verbo era Deus" (Jo 1,1). Essas primeiras palavras ecoam Gênesis 1,1 ("No princípio, Deus criou..."), mas João vai além da criação temporal para nos levar à eternidade. O termo *Verbo* (do grego *Logos*) é central. Ele se refere à razão, à palavra, ao pensamento e ao princípio fundamental. Para os gregos, o *Logos* era a razão universal que organizava o cosmos; para os judeus, a Palavra de Deus era a própria manifestação da ação divina, que cria e sustenta. João une essas duas concepções para apresentar Jesus.

"O Verbo estava com Deus": isso indica uma distinção entre o Verbo e Deus, mas não uma separação. Há uma relação íntima e pessoal.

"E o Verbo era Deus": Esta afirmação é a base da divindade de Jesus Cristo. O Verbo não é apenas *com* Deus, mas *é* Deus. Não é uma divindade inferior, mas plena e coeterna com o Pai.

"Tudo foi feito por meio dele, e sem ele nada foi feito de tudo o que existe" (Jo 1,3): o Verbo é o agente da criação. Jesus não é apenas parte da criação, mas o meio pelo qual toda a criação veio a existir. Isso demonstra seu poder e sua glória como Criador.

"Nele estava a vida, e a vida era a luz dos homens" (Jo 1,4): o Verbo é a fonte da vida em todos os sentidos, física e espiritual. Essa vida se manifesta como luz.

"E a luz brilha nas trevas, e as trevas não a dominaram" (Jo 1,5): a luz simboliza a verdade, o conhecimento de Deus e a salvação. As trevas representam o pecado, a ignorância e a oposição a Deus. A afirmação de que as trevas não dominam a luz é uma declaração de vitória e esperança, mostrando a persistência da verdade divina mesmo em um mundo caído.

Considere, se desejar, os n. 101-109 dos *Exercícios Espirituais*, em que o Santo Inácio propõe a contemplação da Encarnação.

## Revisar a oração

Terminada a oração, é hora de revisar o encontro com o Senhor e buscar compreender o que mais tocou, que Palavra ou frase mais chamou a atenção e anotar tudo em seu diário espiritual.

Para tal, pode-se perguntar: o que rezei? O que senti? Qual o apelo de Deus para mim? Qual a minha resposta?

# Quinta-feira: 1º de janeiro

## Santa Maria, Mãe de Deus

**"Glória a Deus no mais alto dos céus." (Lc 2,14)**

Nm 6,22-27 | Sl 66(67),2-3.5.6.8 (R. 2a) | Gl 4,4-7 | Lc 2,16-21

GRAÇA A PEDIR

Senhor, ajudai-me a acolher a vossa Palavra
como a acolheram os pastores.

EVANGELHO DE JESUS CRISTO SEGUNDO SÃO LUCAS 2,16-21

### Imaginar a cena bíblica

Encontre um local tranquilo onde você possa estar sem interrupções. Sente-se confortavelmente. Feche os olhos por um momento e respire profundamente algumas vezes. Acalme sua mente e seu coração. Tome consciência da presença de Deus ao seu redor. Peça ao Senhor a graça de acolher a Palavra como a acolheram os pastores. Leia o texto bem devagar, prestando atenção nas palavras ou frases que mais chamam a sua atenção.

Imagine-se entre os pastores. Sinta o cansaço da noite, o cheiro do campo, o frio da madrugada. Sinta a surpresa e a incredulidade quando o anjo aparece e lhes anuncia a boa-nova. Sinta a urgência e a pressa em ir ver o menino. Como é essa pressa? É uma corrida cheia de curiosidade, de fé, de esperança? Chegue ao local. Veja a simplicidade, a pobreza. Onde fica a manjedoura? Como é o bebê? Observe Maria e José. Como são seus rostos? O que eles estão sentindo? Maria está cansada, mas serena? José é protetor?

Entre na cena: você está lá. Você é um dos pastores. O que você faria? Você se ajoelharia? Você tocaria na manjedoura? Você diria algo a Maria ou a José? Ou simplesmente ficaria em silêncio, contemplando?

Ouça os pastores contarem a Maria e a José o que lhes foi dito pelos anjos. Sinta a alegria em seus corações. Veja Maria. Ela "guardava todas essas coisas, meditando-as em seu coração" (Lc 2,19). Como é essa meditação? É um silêncio profundo, uma absorção da experiência? O que ela está pensando? O que ela está sentindo?

Acompanhe os pastores voltando. O que eles estão fazendo? "Glorificando e louvando a Deus" (Lc 2,20). Sinta essa alegria transbordante, essa gratidão por terem sido testemunhas de algo tão grandioso e humilde. Como se dá essa glória e louvor: é cantando, é dançando, é compartilhando com outros?

Converse com o Menino Jesus. O que você gostaria de dizer a ele? Quais são seus anseios, suas alegrias, suas preocupações? Converse com Maria. O que você perguntaria a ela sobre sua fé, sua coragem, sua capacidade de guardar tudo no coração? Converse com José. O que você admiraria nele? Converse com Deus Pai. Agradeça por este mistério, por este amor que se revela na humildade.

Converse com Jesus como um amigo fala com seu amigo. Compartilhe com ele o que você experimentou, seus agradecimentos, seus pedidos. Agradeça a Deus por este tempo de oração e pelas graças recebidas. Encerre com um pai-nosso.

## Refletir para tirar proveito

Os pastores que "foram apressadamente" a Belém (Lc 2,16). Essa pressa não é apenas física, mas espiritual. Eles haviam acabado de receber uma revelação extraordinária dos anjos – a notícia do nascimento do Salvador. A rapidez com que respondem ao chamado divino é um testemunho de sua fé e simplicidade.

Quem são os pastores? Na sociedade da época, os pastores eram considerados figuras marginalizadas, impuras e de baixa estima social. Viviam à margem, sem acesso aos círculos religiosos e sociais mais elevados. O fato de Deus escolher justamente a eles para serem os primeiros a receber a Boa-nova do nascimento de Jesus é profundamente significativo. Isso sublinha a universalidade da salvação e o amor preferencial de Deus pelos humildes e excluídos. A mensagem de Cristo é para todos, sem distinção de *status* ou mérito.

A busca: eles não hesitam. A fé se traduz em ação imediata. Eles vão "encontrar Maria e José, e o menino deitado na manjedoura" (Lc 2,16). A manjedoura, um cocho de animais, reforça a humildade e a pobreza em que o Messias veio ao mundo. Deus, em sua infinita sabedoria, escolhe um cenário tão simples para o maior evento da história humana.

Os pastores se tornam os primeiros evangelizadores. Eles não guardam a notícia para si, mas a difundem, cumprindo, sem saber, o que seria a missão de todos os discípulos de Cristo: proclamar a Boa-nova.

A atitude de Maria: o coração que guarda e medita. Em contraste com a agitação e o testemunho verbal dos pastores, Maria apresenta uma atitude diferente, mas igualmente profunda: "Quanto a Maria, guardava todas essas coisas, meditando-as em seu coração" (Lc 2,19).

Guardar no coração: na linguagem bíblica, o "coração" é o centro do ser humano, onde residem a vontade, o intelecto e os sentimentos. Maria não apenas ouve os relatos, mas os assimila profundamente. Ela não os deixa se perder, mas os acolhe, pondera e interioriza. Ela procura o sentido dos acontecimentos à luz do desígnio de Deus. Essa capacidade de silenciar, de contemplar o mistério e de unir os fatos em seu coração é um modelo para todo cristão que busca viver a Palavra de Deus. Maria é a mestra da contemplação, ensinando-nos a não apenas experienciar o divino, mas a permitir que ele transforme nosso interior.

"Os pastores voltaram, glorificando e louvando a Deus por tudo o que tinham ouvido e visto, como lhes fora dito" (Lc 2,20). A experiência com o recém-nascido Messias os enche de uma alegria que transborda em louvor. Eles reconhecem a fidelidade de Deus em cumprir suas promessas. O louvor é a resposta natural de um coração agradecido que testemunha a ação de Deus.

O nome de Jesus: o versículo final menciona a circuncisão de Jesus no oitavo dia e a imposição do nome "Jesus", conforme o anjo havia indicado. A circuncisão insere Jesus plenamente na Aliança de Israel, mostrando sua ligação com a história do povo eleito. Este nome encapsula a missão do Menino: ele veio para salvar a humanidade de seus pecados, revelando a essência da encarnação e o propósito de sua vida.

## Revisar a oração

Terminada a oração, é hora de revisar o encontro com o Senhor e buscar compreender o que mais tocou, que Palavra ou frase mais chamou a atenção e anotar tudo em seu diário espiritual.

Para tal, pode-se perguntar: o que o texto me diz? Quais sentimentos, pensamentos surgiram durante a oração?

Para minha vida: como essa passagem se relaciona com a minha vida hoje? Há alguma mensagem específica para mim? Qual é o "fruto" dessa oração? Sinto-me mais humilde? Mais agradecido? Mais disposto a "guardar no coração" as coisas de Deus? Mais zeloso em compartilhar a Boa-nova?

# Sexta-feira: 2 de janeiro

## Santos Basílio Magno e Gregório Nazianzeno, bispos e doutores da Igreja

**"Sou uma voz que clama no deserto: endireitai o caminho do Senhor." (Jo 1,23)**

1Jo 2,22-28 | Sl 97(98),1.2-3ab.3cd-4 (R. 3a) | Jo 1,19-28

GRAÇA A PEDIR

Senhor, dai-me a graça de compreender a missão de João Batista e a minha própria missão.

EVANGELHO DE JESUS CRISTO SEGUNDO SÃO JOÃO 1,19-28

### Imaginar a cena bíblica

Encontre um local tranquilo onde você possa estar sem interrupções. Sente-se confortavelmente. Feche os olhos por um momento e respire profundamente algumas vezes. Acalme sua mente e seu coração. Tome consciência da presença de Deus ao seu redor. Peça a graça sugerida para o dia de hoje.

Imagine o cenário: o deserto, o rio Jordão, as pessoas vindo para serem batizadas. Sinta o calor, a poeira. Veja João Batista. Como ele se veste? Como é sua postura? Sua voz? Ele é austero, mas transmite autoridade e convicção. Observe os sacerdotes e levitas que chegam de Jerusalém. Como é a sua atitude? De curiosidade? De desconfiança? De arrogância? Eles representam o poder religioso estabelecido.

Entre na cena: você é um dos que ouve o diálogo. Ou talvez você seja um dos enviados, ou um dos batizados. Ouça as perguntas diretas e insistentes: "Quem és tu?", "És Elias?", "És o Profeta?"(Jo 1,19.21). Sinta a pressão sobre João.

Observe a firmeza e a clareza de João em suas negações: "Eu não sou o Messias". "Não sou". "Não". Sinta a humildade e a verdade em suas palavras. Ele não busca glória para si.

Ouça João definir-se: “Eu sou a voz de quem clama no deserto: endireitai o caminho do Senhor” (Jo 1,23). Sinta a força dessa imagem. Ele é apenas uma voz, um instrumento, apontando para outro alguém.

Os fariseus o questionam sobre a autoridade de seu batismo. Sinta a tensão no ar.

Ouça a resposta de João, que desvia o foco de si mesmo e aponta para aquele que está presente, mas ainda não é conhecido: “Eu batizo com água; mas no meio de vós está alguém que não conheceis, aquele que vem depois de mim, a quem eu não sou digno de desatar a correia da sandália” (Jo 1,26-27). Sinta a reverência e a profunda humildade de João diante de Jesus. Ele se considera indigno até mesmo do serviço mais simples.

Converse com João Batista. O que você perguntaria a ele sobre sua missão, sua humildade, sua coragem em apontar para Jesus?

Converse com Jesus, que está “no meio de vós”. O que você diria a ele, sabendo que João o aponta?

Converse com Deus Pai. Agradeça pela missão de João Batista e peça a graça de reconhecer e seguir o seu Filho.

Agradeça a Deus por este tempo de oração e pelas graças recebidas. Encerre com um pai-nosso.

## Refletir para tirar proveito

Uma comissão oficial de Jerusalém – composta por sacerdotes e levitas foi enviada para interrogar João. Essa delegação representa a autoridade religiosa e política estabelecida, que se sente ameaçada ou, no mínimo, intrigada pela popularidade e pelas atividades de João no deserto. As perguntas são diretas e buscam encaixar João em categorias proféticas conhecidas:

“Quem és tu?”: a primeira e mais fundamental pergunta sobre sua identidade.

“Eu não sou o Messias”: João responde com uma clareza inequívoca e humilde negação. Ele não busca a glória para si, nem se aproveita da expectativa messiânica do povo para se promover. Essa negação é crucial: João não é o centro, mas um instrumento.

“Então, que és tu? És Elias?”: a expectativa de que Elias voltaria antes do Messias era forte. João nega ser Elias literalmente. A negação aqui serve para sublinhar que João não é o Elias escatológico que todos esperavam, mas sim um precursor.

"És o Profeta?": João nega ser esse profeta escatológico, que se entendia ser alguém com autoridade semelhante à de Moisés.

Diante das negações, a comissão exige uma resposta clara para seus superiores. É então que João revela a sua missão: "Eu sou a voz de quem clama no deserto: endireitai o caminho do Senhor". Essa é a essência do papel de João Batista. Ele não é a Palavra, mas a voz que prepara o caminho para a Palavra. Sua missão é remover os obstáculos – os pecados e as durezas de coração – para que o Senhor possa ser acolhido. Ele é o arauto que anuncia a chegada iminente do Rei.

Os fariseus, então, questionam a autoridade de João para batizar, já que ele não se enquadra nas categorias de Messias, Elias ou Profeta. O batismo de João era um batismo de arrependimento, um sinal de purificação e preparação para a vinda do Messias.

"Eu batizo com água; mas no meio de vós está alguém que não conheceis, aquele que vem depois de mim, a quem eu não sou digno de desatar a correia da sandália". Essa é a culminação do testemunho de João. Ele não só nega ser o Messias, mas aponta para Jesus, que já está entre eles, embora ainda não reconhecido publicamente.

"Não sou digno de desatar a correia da sandália": Este é um gesto de extrema humildade. Desatar as sandálias de alguém era a tarefa mais humilde de um servo, normalmente reservada a escravos. João, reconhecendo a majestade de Jesus, declara-se inferior até mesmo ao mais baixo dos servos diante dele. Essa declaração estabelece a superioridade incomparável de Jesus e a absoluta dependência de João dele.

## Revisar a oração

Terminada a oração, é hora de revisar o encontro com o Senhor e buscar compreender o que mais tocou, que Palavra ou frase mais chamou a atenção e anotar tudo em seu diário espiritual.

Para tal, pode-se perguntar: o que o texto me diz? Quais sentimentos e pensamentos surgiram durante a oração? Como me defino? Eu busco glória para mim mesmo ou aponto para Cristo? Qual é a "voz" que eu sou chamado a ser? Como a humildade de João Batista me interpela? Em que áreas da minha vida preciso crescer em humildade?

# Sábado: 3 de janeiro

**"Eis o cordeiro de Deus que tira o pecado do mundo!" (Jo 1,29)**

1Jo 2,29-3,6 | Sl 97(98),1.3cd-4.5-6 (R. 3a) | Jo 1,29-34

## REPETIÇÃO INACIANA

### Oração de resumo ou Oração de repetição

Leia o texto do Evangelho para tê-lo presente como pano de fundo, pois o texto para a oração de hoje são as anotações feitas durante a semana.

A proposta de oração para o Sábado é de fazer uma repetição inaciana. Trata-se de perceber como Deus o(a) conduziu ao longo da semana de oração.

Segundo o Pe. Adroaldo, "a repetição ajuda a perceber as constantes de Deus" (*Retiro quaresmal 2015*).

### Para ajudar na oração siga os passos abaixo

Encontre o seu lugar sagrado, que deve ser preparado antecipadamente com uma vela, a cruz, a Palavra de Deus, além de flores e imagens de devoção pessoal. Pacifique-se fazendo o exercício da respiração, procurando tomar consciência dos barulhos de longe e de perto. Faça com devoção o sinal da cruz e a oração preparatória: "Meu Senhor e meu Deus, que todos os meus sentimentos, desejos e ações estejam ordenados unicamente ao vosso serviço e louvor".

Faça o pedido da graça. Então, recorde cuidadosamente os tempos de oração da semana. Pode ser pela memória das experiências vividas na oração ou consultando as anotações feitas no diário espiritual.

Perpasse com carinho essa semana. Avalie sua relação com Jesus e com o Pai. O que Deus gravou no seu coração? Por onde o Senhor passou? Que sinais ele deixou? Como você se sente? Que apelos o Senhor te fez? Qual foi a sua resposta?

Converse com o Senhor como um amigo conversa com outro, sem resistência, sem reservas. Converse com o Senhor sobre os sentimentos que essas recordações lhe trazem.

Dê graças pela experiência vivenciada, pelos frutos recebidos ao longo da semana e que terão impacto no seu modo de viver. Reze pelos companheiros do grupo de retiro que são de diversas partes dessa pequena porção da Terra.

Termine sua oração agradecendo o Senhor pela presença amorosa no mundo, no Brasil, no seu Estado, na sua cidade, na sua comunidade e na sua casa-igreja doméstica.

Reze um pai-nosso, uma ave-maria e o Glória ao Pai, terminando sua oração e se despedindo do Senhor, prometendo voltar no dia seguinte. Não deixe de fazer as anotações do que mais o tocou na oração.

# Domingo: 4 de janeiro

## Epifania do Senhor

**“Vimos sua estrela no Oriente!” (Mt 2,2)**

Is 60,1-6 | Sl 71(72),1-2.7-8.10-11.12-13 (R. cf. 11) | Ef 3,2-3a.5-6 | Mt 2,1-12

GRAÇA A PEDIR

Senhor, que eu tenha a mesma perseverança
e determinação dos Magos na busca por Jesus.

EVANGELHO DE JESUS CRISTO SEGUNDO SÃO MATEUS 2,1-12

### Imaginar a cena bíblica

Encontre um lugar tranquilo onde você não será interrompido(a). Sente-se confortavelmente, feche os olhos por um momento e respire profundamente algumas vezes. Sinta seu corpo e sua mente se acalmando.

Lembre-se que Deus está presente aqui e agora. Peça ao Espírito Santo para guiá-lo(a) nesta oração, abrindo seu coração e sua mente para o que ele quer lhe mostrar. Peça a graça de ter a mesma perseverança e determinação dos Magos na busca por Jesus.

Leia o texto do Evangelho lentamente, mais de uma vez se for preciso, prestando atenção às palavras, aos personagens e ao cenário.

Imagine-se em Jerusalém, quando a notícia da chegada dos Magos se espalha. Qual é o clima? As pessoas estão curiosas, preocupadas, indiferentes?

Veja os Magos chegando. Como eles se vestem? Como é sua caravana? Eles parecem cansados da longa viagem? O que eles irradiam? Perceba a seriedade e a busca que há em seus olhares. Sinta o cansaço deles, a esperança, a determinação em encontrar o Rei recém-nascido.

Sinta a atmosfera em Jerusalém com a pergunta dos Magos: “Onde está o recém-nascido Rei dos Judeus?” (Mt 2,2). Sinta o medo e a inquietação que se espalham. Coloque-se na pele de Herodes: qual é a sua reação? O que ele sente? Insegurança, inveja, raiva? Observe como ele age.

Imagine os Magos partindo de Jerusalém e perceba a alegria e o alívio que sentem ao ver novamente a estrela. Siga essa estrela com eles. O que você sente ao vê-la? É uma estrela comum ou tem algo de especial? Qual é a sensação de ser guiado por ela?

Chegue com os Magos em Belém. Veja a casa onde Jesus está com Maria, talvez José por perto. Qual é a sua primeira impressão? É uma casa simples? Observe os Magos prostrando-se e adorando o Menino. Como eles o olham? Observe os presentes que eles oferecem: ouro, incenso e mirra. O que cada presente simboliza para você? O que esses gestos revelam sobre a fé dos Magos? Pare na cena e reflita para tirar proveito.

Termine sua oração com uma conversa sincera com Deus, como um amigo fala com outro. Agradeça a Deus por este tempo de oração e pelas graças recebidas. Encerre com um pai-nosso.

## Refletir para tirar proveito

Chegada de Magos do Oriente a Jerusalém: a identidade exata desses "Magos" é objeto de debate, mas não é o mais importante aqui. O fato de virem do "Oriente" sugere uma origem não judaica, o que é crucial para a mensagem de Mateus: a salvação em Cristo é para todos os povos.

A pergunta que ecoa por Jerusalém – "onde está o recém-nascido Rei dos Judeus?" (Mt 2,2) – demonstra sua busca sincera e persistente pela verdade. Eles não são movidos por interesses políticos ou pessoais, mas por um sinal cósmico (a estrela) que os leva a reconhecer a realeza de um menino. A menção de terem visto "sua estrela no Oriente" e virem para "adorá-lo" aponta para uma revelação divina que transcende as fronteiras culturais e religiosas.

Ao verem a estrela, os Magos "encheram-se de imensa alegria" (Mt 2,10). Essa alegria contrasta fortemente com a perturbação de Herodes. É a alegria de quem encontra aquilo que buscava ardentemente.

Eles entram na casa e encontram "o menino com Maria, sua mãe" (Mt 2,11). José não é mencionado diretamente neste momento, focando-se a cena na relação entre Maria e Jesus. A atitude dos Magos é de profunda reverência: prostraram-se e o adoraram.

Os presentes oferecidos – ouro, incenso e mirra – são simbólicos: no ouro se reconhece Jesus como Rei; no incenso se reconhece Jesus como Deus, ou como sumo sacerdote, na mirra, usada para embalsamar, prefigura-se a humanidade e o sofrimento de Jesus, especialmente sua morte e sepultamento.

O aviso em sonho para não voltarem a Herodes é um exemplo da intervenção divina na proteção de Jesus. Os Magos "voltaram para sua terra por outro caminho" (Mt 2,12). Este "outro caminho" pode ser interpretado de várias maneiras: literalmente, como um caminho físico diferente para evitar Herodes; simbolicamente, como uma mudança de vida ou de direção após o encontro com Jesus.

Aqueles que encontram a Cristo são transformados e não podem mais seguir os mesmos caminhos de antes, especialmente os caminhos do mundo que podem levar ao perigo ou à perdição. É um convite à conversão e à desobediência às ordens de poderes que se opõem ao Reino de Deus.

## Revisar a oração

Terminada a oração, é hora de revisar o encontro com o Senhor e buscar compreender o que mais tocou, que Palavra ou frase mais chamou a atenção e anotar tudo em seu diário espiritual.

Para tal, pode-se perguntar: o que você gostaria de perguntar aos Magos sobre sua busca, sua fé, sua persistência? O que eles podem te ensinar sobre buscar a Deus?

O que você sente ao olhar para o Menino Jesus? O que você gostaria de oferecer a ele, não em bens materiais, mas em seu coração: seus desejos, suas lutas? Qual é a sua adoração?

# Oração de revisão da caminhada

Terminado este Retiro de Advento e Natal, propomos como encerramento uma oração de revisitação de toda a sua caminhada, de modo que possa apreciar e saborear junto com o Senhor os frutos colhidos ao longo dessa jornada.

Como os magos, seguimos por longo tempo "uma estrela"; não uma estrela qualquer, mas a própria Luz, que é o Cristo Ressuscitado. Com ele rezamos todas essas semanas, esperamos, silenciamos, partilhamos, alegramo-nos e nos afligimos. A vida pessoal iluminada por Deus, pela Palavra geradora de vida, ganha novas cores, novo sabor, torna-se nova vida em Cristo.

Terminado esse trecho do peregrinar buscando conhecer mais intimamente a Deus, façamos como o "garimpeiro", recolhamos as "pepitas de ouro" que encontramos no rio de nossa vida.

Estes passos podem ajudar:

1. Peça ao Espírito Santo a graça de perceber por onde Deus o(a) conduziu neste Retiro.
2. Dê graças pela caminhada e por alguns momentos em particular: as luzes, o comprometimento, o grupo ou pessoa com quem partilhou.
3. Revise a sua caminhada: Como foi a experiência, sua disposição e seu comprometimento? Reveja o material avaliando o que ajudou e o que atrapalhou.
4. Leia suas anotações dos sábados com tranquilidade, pois elas sintetizam cada semana rezada. Deixe-as ecoar em seu coração, perceba as moções, os movimentos interiores: O que mais se repete? O que parece "destoar"? Quais sentimentos, palavras, apelos, resistências mais aparecem?
5. Converse com Deus sobre o que percebe agora, sobre "as pepitas" que recolhe. Esta leitura resumida pode ajudar a "ler" as marcas que

Deus deixou neste Retiro, que são pistas para sua caminhada no cotidiano com um olhar renovado.

6. Depois, reflita para tirar proveito: este tempo de Retiro do Advento e Natal me mostrou como posso mudar meu caminho para seguir mais de perto o Senhor Jesus? A que novas atitudes o Senhor me convida e que missão ele me confia?
7. Você pode fazer um compromisso, de acordo com os frutos do Retiro. Algo concreto, simples, de que dê conta, mas que o(a) ajude no crescimento da fé, da esperança e da caridade, virtudes que mais nos aproximam de Deus (teologais).
8. Por fim, depois de terminar sua oração de resumo, faça a revisão da oração e anote o principal, seu compromisso ou, quem sabe, até escreva uma oração ao Deus-Menino.

Esperamos que tenha aproveitado essa experiência e feito uma profunda peregrinação até a manjedoura de Belém, a se desdobrar mundo afora na forma de amor e serviço.

Mas, como você sabe, o encontro com Cristo é diário. Por isso, deixamos abaixo alguns *sites* em que você encontrará informações valiosas e material para aprofundamento sobre a espiritualidade inaciana.

Se quiser, procure um grupo inaciano, como os Núcleos Inacianos ou as Comunidades de Vida Cristãs (CVX), caso existam em sua cidade. Neles você poderá experimentar a vivência de leigos que seguem, na realidade de suas vidas, os passos de Santo Inácio.

Agradeceremos se você puder nos enviar sua avaliação sobre este Retiro (o material, a linguagem, o conteúdo), com sugestões, críticas, elogios ou mesmo contar sua experiência. Tudo isso nos ajudará a melhorar as próximas edições. Pode nos enviar essas informações pelo *e-mail:* <secretario.espiritualidade@jesuitasbrasil.org.br>.

Sigamos juntos no compromisso de em tudo amar e servir, com os critérios, as opções e os valores do Cristo, que se encarnou por nós, fazendo novas todas as coisas!